のフィルターを
通した世界は
いつでもポジティブ

社会不適合者の人生サバイブ術

ルス・グアダルーペ

KADOKAWA

はじめに

こんにちは。ルス・グアダルーペです。

まずはこの本をお手にとっていただきありがとうございます。


簡単に自己紹介をすると、私は大学卒業後に日本で2年間保育士として働き、メキシコへ移住。その後、現地の人と結婚し、今はメキシコ生活5年目が終わろうとしています。

最初のきっかけは、「海外に住んでみたい」という軽い気持ち。コロナ禍の一時帰国を挟んで、もう一度メキシコへ戻りました。


それは、日本が合わないと気付いたから。

メキシコに住むことで、日本で漠然と感じていた、言葉にできない〝生きづらさの正体〟がはっきりと見えてきたのです。たとえば、「インドに行くと価値観が変わる」なんてよく言うけれど、決して大袈裟ではないと思うんです。私の場合はメキシコに住んで価値観が変わりました。いや、価値観どころか人生がガラッと変わってしまいました。

「具体的に何がどう変わったのか」を、全てこの本に綴っています。カルチャーショックだらけの毎日から得たもの。メキシコが生きやすいと感じる理由など、私の経験や考えの一つ一つを言葉にしました。

この本には、私の〝社会不適合エピソード〟もたくさん書いています。でも、その「社会」と言っても様々。「日本」不適合なのかもしれない。「会社」不適合かもしれない。**裏を返せば、適合できる社会もある**ということ。「ここに適合しなきゃ」と自分を追い込むのではなく、「自分が適合できる環境を探す」。これも一つの生きる術だと思います。

ここで声を大にして言いたいのは、**環境を変えることは「逃げ」ではない**。むしろ前進している。そう思えるのも、メキシコでポジティブなラテン思考に触れたから。日々感じる悩みや焦りも、ラテン思考で考えるとたいしたことがなかったりするんですよね。日本の常識から外れた「えっ！」と思うようなことでも、よくよく考えると「一理あるかも」と思わせられる。異文化に触れるのって面白いですよね。

この本では、皆さんと一緒にそんな体験をしていけたら嬉しいです。

第3章 とにかく明るいラテン気質

第4章 カオスなメキシコで生きるコツ

第5章

人生は冒険だ

第6章

社会不適合者の人生サバイブ術

第7章

メキシコ自己責任ツアー

COLUMN

art direction + design 荻原佐織 [PASSAGE]
illustration 木下ようすけ
photo ルス・グアダルーペ
dtp ニッタプリントサービス
proofreading 文字工房燦光
edit 堀越 愛、佐々木健太朗

＊掲載内容は本書執筆時（2024年10月時点）の著者個人の見解であり、
社会や市場の変化によって事実と異なる場合があります。また、一部は推定も
含まれており、必ずしも事実を証明するものではありません。

第1章

しばらく日本を留守にします

私の人生、このままで良いの？ 仕事を辞めて地球の裏側・メキシコへ

「24歳にして、初めて見る景色があるんだ」。

メキシコを訪れた私を待ち受けていたのは、これまで見てきたどんな街とも異なる景色でした。日本からメキシコまでは、飛行機で約12時間半。半日かけてメキシコ・シティ国際空港に降り立って市街地に向かうときの景色を見て、日本とは異なる独特の香りや、カラッとした乾いた空気を感じます。日本からは1万km以上離れた、まさに異国。

旅行好きだった私は、これまでヨーロッパやアジアなど様々な国を訪れてきました。いろんな国のいろんな街を歩き回ったけど、メキシコの雰囲気はほかのどんな国とも違う。

そもそも**北アメリカ大陸**に足を踏み入れたのも、人生で初めて。見慣れない街並みとこれから始まるメキシコライフへの期待で、私は興奮していました。

空港に迎えに来てくださった職場の日本人の先輩と上司が、メキシコ人の運転手さんと流暢なスペイン語で会話しているのを見て、私もいつかそんなふうに現地の人と普通に話せるようになるのかな……と期待と不安の入り混じった感情を抱いたことを覚えています。

２０１９年5月7日。

大学を卒業してからまる2年働いた職場を辞めて、地球の裏側・メキシコでの新生活がスタートしました。

なぜ私は、仕事を辞めメキシコに行くことを決意したのか……。それは、自分の中にある「いろんな国に行ってみたい」という夢を現実にしたいと思ったからです。

メキシコ移住をする直前まで、私は乳児院で働いていました。乳児院とは、保護者の養育を受けられない0歳～3歳の子どもを受け入れる施設です。

乳児院で働き始めた最初の年、私は事情があって親と暮らせない子どもを保護する〝一

✿ **北アメリカ大陸**
ラテンアメリカ＝中南米のイメージが強いため、「メキシコは中南米」と思いがちですが、地理的に北米になります。

時保護〟を担当していました。ここにやってくる子どもには、それぞれ事情があります。虐待、親の病気や精神疾患、育児放棄、金銭的事情……。

当時私がやっていたのは、一時保護をした子どもの〝観察〟。月齢の平均値と比較してどのくらいミルクが飲めるのか、目は合うか……子どもの状況を観察して課題や目標を抽出し、それに沿って乳児院での生活全般（食事・睡眠・入浴）をサポートすることが私の仕事です。

また、2年目になってからは一時保護を経て施設で暮らすことが決まった子どもを担当していました。

乳児院のモットーとして、できるだけ普通の家庭に近い生活を目指すというのがあります。施設！集団生活！といった感じではなく、一人の子どもに対して一人の大人が担当し、一緒にショッピングモールへ出掛けたり、病院に連れて行ったりもします。

担当の子と関わる上で「無条件に愛されている」と思ってもらえるように一生懸命でした。そのために、「大好きだよ」と毎日伝えたり、抱っこしてと言われたら必ず断らずに抱っこするなど自分の中でルールを作っていました。

就活中、見学へ行ったときに副園長が「子どもが大きくなったときに乳児院でのことが記憶に残らなくても、幼い頃何となく誰かに愛されていたな〜という温もりは残るかもしれない。それがここで働く職員たちのモチベーションです」と伝えてくれました。それを聞いて純粋に素敵な仕事だなと思ったのが、この乳児院に決めたきっかけでした。そして実際に働いてみて、その考え方は私が子どもと関わる上でのモットーになりました。

私の姿を見つけると嬉しそうに駆け寄ってくる子どもと接するなかで、私は初めて〝求められる〟ことを体験しました。それもあって、当時はかなり感情移入しながら働いていたと思います。休みの日には、担当している子の服を買いに探しに行ってしまうほど。福祉の仕事は、すごくやりがいがありました。これはエゴですけど、子どもに求められることや親に感謝されることにも、嬉しさを感じていました。

実は、乳児院に興味を持ったきっかけは「難易度が低そう」だと思ったから。

もともと、私は**「✿子どもと遊んで給料もらえるなんて良いじゃん！」**と保育士を目指

✿子どもと遊んで給料もらえるなんて良いじゃん！

きっかけは、姉が観ていたAKB48のDVD。前田敦子さんが保育士体験をしている様子を見て、こう思いました。

していました。ただ自分だけで何人もの子どもをまとめる自信がなかったので、「こっちのほうがマイペースに仕事ができそう」と一人の子と向き合える乳児院を視野に入れて就活を始めました。初めの動機こそ不純でしたが、働いているうちに私の想いは一変。福祉についてもっと学びたいと思うようになりました。

親子離れて暮らす場合、ほとんどが親の問題です。なので、親の問題を解決しないことには、根本的な解決はない。乳児院での保育士の仕事は子供の面倒を見ることであって、根本を解決できるような権限はなかった。そこがもどかしくて、親も含めた家族支援に興味を持ちました。

ただ、「✿**いろんな国に行ってみたい**」という理想からはかけ離れた生活でした。乳児院の仕事は子どもの事情により休みが変動するため、長期で休みを取得することは不可能。ここで働いている限り、自由にいろんな場所に行くことはもうできない。私の人生、これで良いのだろうか……？

✿いろんな国に行ってみたい

乳児院では「連休と有休をくっつけて２週間休む」みたいなことができないので、夜勤明けで中国に行って２泊、戻ってきたらそのまま出勤……みたいな旅が限界。このように思うようになったきっかけは、P22～に書いています。

いや、このままだと「いつか行きたい」「死ぬまでに行きたい」と言い続けて一生叶わない気がする。それが嫌なら働き方を変える必要がある。

いっそのこと、日本を出て海外で働いてみるのはどうかな？

海外で働くことに決めた私は、即座に求人を検索。メキシコで保育士の求人を見つけ、翌日には履歴書を送付していました。

こうやって、私の人生は大きく変わったのです。

「もっと空気を読んだほうが良いよ」「NOと言える日本人」職場で感じた、自分と社会のズレ

働き方を変えることにしたのは、「旅行に行けない」だけが理由ではありません。
職場で思わぬ壁にぶち当たったのも理由のひとつ。
それは、「人間関係」です。

陰湿なイジメを受けた……とか、そういうことではありません。
みんなが当たり前に受け入れている**〝職場の文化〟**や**〝暗黙の了解〟**を、**私がどうしても受け入れられなかった**のです。

たとえば、私の働いていた職場には「旅行に行ったらお土産を買ってくる」という暗黙の了解がありました。実際、私が旅行のお土産を買わなかったら、「旅行に行ったら職場のみんなにお土産を買ってこなきゃダメだよ」とアドバイスをされたことがあります。
私はお土産を買うこと自体は好きで、旅行に行くと家族や友人によくお土産を買います。でもそれはタイミングが合えばの話であって、時間がないときや良いものに出合えないときは買いません。あくまでも「旅行」がメインなので、家族や友人にお土産を頼まれるのも苦手です。そもそも**お土産って「貰ったら嬉しい」程度のものであって強制するものではない。**

職場に✿**お土産を買う**のが義務になると、せっかくプライベートで旅行に行っているのに「お土産屋さんに行くという予定を組み込まなきゃ」「良いものがない、予算オーバー、どうしよう」など考えてしまって純粋に旅行を楽しめません。もう面倒くさいので最終的に、旅行に行くことさえも周囲に言わなくなりました。

また、先輩から「**もっと空気を読んだほうが良いよ**」と言われたこともあります。でも

✿お土産を買う
メキシコにも、旅先でお土産を買う文化があります。ただ、日本のように「絶対に買わなきゃ！」という強迫観念的なものではありません。日本ほどお土産の優先順位は高くなく、「買えたら買う」程度のもの。

そこで求められるのは、先輩より先に出勤するなど後輩らしく振る舞うことだったり、自分の担当ではない仕事を引き受けることだったり、理不尽なことが多いんですよね。しなきゃいけない理由を論理的に説明できないから「察して」という言い方になる気がします。本当に重要な業務だったらちゃんと言葉で伝えるはず。

こういう謎のルールってよくありますが、大抵の人は「それが社会のルールなんだ」と受け入れられるというか、おかしいと思いつつも上手に受け流すことができると思うんです。でも私の場合、「実際は納得してないけど怒られないためにとりあえずやっとく」というのがなんだか気持ち悪くて、ずっと違和感を抱えていました。

職場では「**NOと言える日本人**」と言われていました。私は食べものの好き嫌いが多いので、お土産を配られても「すみません、食べられないので大丈夫です」と断っていました。好きじゃないものを貰って喜んでいるふりをするのには抵抗があるからです。一度嘘をついたらずっとつき続けないといけないし……。だから正直に苦手と伝える。でも、「ありがとうございます」とお土産を買ってきてくださったことにしっかり感謝を伝えるなどのフォローがあれば問題ないと思います。

あと、飲み会も「行きません」とはっきり断っていました。そのせいで「変わった人」と思われていたようですが、そのほうが都合の良い面もありました。早めに自己開示をすることで、「あぁ、この人はこういう人ね」と周囲から期待されなくなるし「ＮＯと言える日本人」のように、そういうキャラとして扱ってくれるので楽です。

一方で、このように自分にとっては当たり前の対応をしているのに何故か変わり者扱いされるという経験を通して、社会とのズレを感じていました。

こういう話をすると、すごくさっぱりした人間のように思われるかもしれませんが、仕事中はチームプレイということもあって四六時中気を遣っていました。嫌われない範囲で自分を出しつつ、お局《つぼね》たちに媚《こび》を売りまくる。それも日々の業務をスムーズに行うため。思ってもいないお世辞を言う日々に疲れていました。これも環境を変えたかった理由のひとつです。

とはいえ、人間関係の悩みはどんな職場でも付きまとうもの。海外に出たところで、同じような問題に直面するのでは……と、実は不安を感じていました。

ただ、メキシコで働いてみてわかったのは、**私が感じていた違和感は〝日本特有のもの〟**だということ。

メキシコの職場では、「暗黙の了解」を感じたことはありません。「察する」という考えはなく、「〇〇してほしい」「どう思う？」「話し合おう」など、何事も言葉で伝える文化です。日本とは真逆で誰も察してくれないので、自己主張しないとどんどん取り残されていきますが、それが私に合っていました。風通しが良く人間関係の悩みがない分、業務に集中できたのも良かったです。

自分には何が合っているのか、何が合わないのか。

それは、いろんな環境を経験してみないとわかりません。メキシコを経験してみて、私は「自分は日本で働くのに向いていなかったんだ！」と気付くことができました。

ルス・グアダルーペの価値観

☑ お土産は強制じゃない

☑「察する」よりも言葉で伝える

☑ 嘘をつくくらいなら本心で「NO」と言う

初海外で、イタリアに1ヶ月間の短期留学
シエナ・旧市街を毎日散策

私が「いろんな国に行ってみたい」と思うようになったきっかけは、大学時代に行ったイタリアへの短期留学です。

高校時代、私は父に強く留学を勧められていました。というのも、父が働き始めた頃、会社の研修でいろんな国を回ったのが「すごく良かった」から。今でも、実家に帰るたびに「アリゾナの気候が良かった」「中国はご飯が美味しくなかった」……など、話を聞かされます。娘にも同じような経験をしてほしかったようで、「留学しなさい」とよく言われていました。実際、姉は高校時代に2週間ほどオーストラリアでホームステイをしていました。

ただ、私は「嫌だ！」と断固拒否。それは「知らない人の家に泊まりたくなかった」から。食べ物の好き嫌いも多いし、知らない人と共同生活をする「ホームステイ」という形式に苦手意識があったのです。

でも、ホームステイが嫌だっただけで海外への興味はありました。**私が興味を持っていたのは、世界中の美しい景色。**ｉＰｈｏｎｅの壁紙アプリで取得できたフリー素材に「世界の絶景」というシリーズがあり、私はそこで見る景色に見惚れていました。ヨーロッパの教会、カナダの山や湖……世界にはこんな景色があるんだ、いつか実物を見てみたい、と憧れていたのです。

留学プログラムを使って、イタリアに１ヶ月間の短期留学をしたのは大学2年の夏。決め手は、説明会で「寮がある」と聞いたことでした。

名目的には「語学留学」でしたが、私的には語学を学ぶより「海外に住んでみたい」「旅行をしたい」がメインの目的。アメリカに行っても１ヶ月で英語がペラペラになれるわけないですし、✿**馴染みのないイタリア語**の国に行く不安はまったくありません。

✿ **馴染みのないイタリア語**
当時イタリア料理の店でバイトをしていたので、数字や料理などの単語は知っていました。

というわけで、留学前に事前勉強をするわけでもなく、私はイタリアに飛び立ちました。実は、この留学が私にとって初めての海外。トランジットのためオランダの空港に降り立ったとき、香水の香りがして「海外のにおいだ！」と思ったのを覚えています。

イタリアで滞在したのは、✿**シエナ**という街。旧市街は中世の街並みが今も残る街ですが、フィレンツェやベネチアに比べると観光目的で訪れる人が少ない場所です。

到着した初日にクラス分けテストが実施されましたが、もちろん一文字もわかりません。ローマ字で自分の名前を書き、中学生英語レベルの知識で「イタリア語はわかりません。ごめんなさい」とテスト用紙に書きました。当然一番下のクラスに振り分けられ、そこから毎日勉強の日々。……とはいえ、学校に通うのは8時～12時。毎日午前中だけ勉強をして、午後はずっと街中を歩き回っていました。

語学目的ではありませんでしたが、1ヶ月間の短期留学を経て、結果的に日常会話程度のイタリア語を習得することができました。思っていたより発音が難しくなく、毎日勉強していたので文法も覚えることができたのです。それに、**イタリア語が身に付いたのは「単**

✿ シエナ
語学学校が多く、世界中から留学生が集まる街です。

独行動」が良かったのではと思っています。

滞在中、私は毎日一人で行動し『指さし会話帳』を見ながら現地の人と会話をしていました。

外国語をしゃべる際に「間違ったことを言ってバカにされたら嫌だ」と思う方もいるかもしれません。でも、間違ったことを言っても意外とツッコまれないもの。たとえば女性名詞と男性名詞を間違っても、伝わることには変わりないので大丈夫。「**私が言ってること、たぶん間違ってるけど、会話はできてるな**」という瞬間が何度もありました。

このイタリア短期留学が原体験となり、私は✿**「海外」に対する興味**を強めていきます。

イタリア留学時、シエナの塔で。

✿**「海外」に対する興味**
イタリア留学後、私はバイトで稼いだお金をすべて旅行につぎ込むようになりました。

「全部の道を歩きたい」を原動力に、シエナを制覇

私にとって、旅の醍醐味はその土地の〝景色〟を見ること。

観光スポットをスタンプラリーみたいにめぐる旅行はあまり好きではありません。それよりも、街中を散歩して、好きな場所を見つけたら何時間でも眺めていたいタイプです。現地の人の家を観察してみたり、洗濯物を干しているお母さんの雰囲気を感じてみたり。「私はこの場所にいたんだ」と、いつでも思い出せるくらい街中を歩き回って、その場所で過ごした時間を自分の人生の一部にしたいのです。

イタリア留学中、私はひたすらシエナの街中を歩き回りました。

12時に学校が終わり、ランチを食べたら、暗くなるまで散歩。毎日昼すぎから19時くらいまで、６時間は歩いていました。

歩く目的は、シエナの「全部の道を歩く」こと。

歩き回っていると、「ここここが繋がってるんだ」と地理を把握することができます。それが楽しくて、探検みたいな感覚で毎日歩いていました。

留学に行っても、結局日本人同士で過ごしてしまい、語学力が上がらない……。これ、日本人の留学あるあるだと思います。実際、イタリア留学で友だちになった中国人から、「なんで日本人は日本人だけで行動してるの？　せっかく来たのにもったいない」と言われたことがあります。また、何度か留学経験がある大学院生の先輩からも、「留学中はあまり日本人とつるまないほうが良いよ」と言われました。

私は語学目的ではなかったこともあってそこまで深く考えていませんでしたが、結果的に単独行動をする時間が長くなりました。

それは、「全部の道を歩きたい！」と思っているのは私だけだったから。誰も「全部の道を歩きたい！」と思っていなかったので、結果的に一人で行動するしかなかったのです。

一人で過ごすのは不安とか、誰かと一緒にいたいとか、そういう気持ちはほとんどありません。それより「地図なしで歩けるくらいこの街を知りたい」という興味のほうが大きかったので、学校の後に歩き回る毎日は充実していました。

結果、留学期間中に「シエナ旧市街の全部の道」を歩くことができました。

休日には、シエナを出て一人で遠出にもチャレンジしました。

たとえば、イタリア人の友人がオススメしてくれた、カステッリーナ・イン・キアンティという街。なんでオススメされたかわからないくらい何もない街でしたが、〝なんにもない田舎道〞がキレイでオススメしてくれたのだと思います。この街でも、ひたすらに歩き回りました。

また、世界遺産に登録されている街サン・ジミニャーノには、学校をサボって行きました。せっかく留学に来たんだから「悔いのない滞在にしよう」と思い、友人には心配されましたが1日学校をズル休み。

もともと「旅行したい」という目的で来た留学だったし、大学もあまり行っていなかったので、休む罪悪感はまったくありません。

サン・ジミニャーノでも、私は街中を「全部」歩きました。アイスを食べて、ランチをして、ひたすら探検。

「あっちに行きたい」「こっちにも行ってみたい」「あの道を曲がってみたい」……。

こんな自由な旅、友だちと一緒に行動していたらなかなかできません。友だちと旅行をしたら、観光名所をめぐることがメインになると思います。そういう旅も楽しいけれど、やっぱり私は自由に歩きたい。**一人で行動したいというより、やりたいことが違うなら一人で行動するほうが効率的。**私はそういう考え方です。

今も、旅行に行くときは「全部の道を歩きたい」が原動力です。

イタリア留学時の寮

知らない人についていくと、面白い体験ができるかも

単独行動をしていると、危険な目に遭うこともあります。

留学していたイタリア・シエナは比較的治安の良い街で、日本人が一人で歩き回っていても大丈夫。でも、一つ印象に残っている出来事があります。

それは、留学最終日のこと。何度か通っていたお店のおじさんと仲良くなり、「最後にディナーを食べよう」と誘われたのです。

おじさんはワイン・生ハム・チーズを売っている小さなお店を経営していて、話すようになったきっかけは『指さし会話帳』。「日本人の友だちがいるんだよ」など『指差し会話帳』を使いながら片言で会話をしているうちに仲良くなり、ディナーに誘ってくれました。

指定された時間にお店に行くと、入った瞬間ガチャリと鍵をかけられました。今思えば、この時点でちょっとおかしい。おじさんはすごく豪華なプレートを用意してくれて、横並びで食べながら、この日も『指さし会話帳』を使いながら会話をしていました。

でも、食べ進めていくうちにどんどん雰囲気が怪しくなってきたのです。「ほっぺにキスして」と言われたり、**Google翻訳で「デザートを食べるために、私に何をしてくれますか？」**みたいな文章を見せられたり……。

善意で誘ってくれたのではなく、見返りを求めていたんだ。

途中でそう気付き、「友だちが待っているから行かないと！」と適当なことを言って逃げ出しました。

強引に何かをされたわけではないので、私的には恐怖体験という感じではありません。でも、おじさんが本当に悪い人だったら、襲われていた可能性もあります。

「人生、そんなに甘くないよね」と思った経験です。

ただ、この一件があってからも、私は全然懲りていません。この後イタリア旅行をしたときも「あと一歩で、もしかしたら……」という体験をしました。

一人でマテーラという街に行ったとき、おじさんに「バイクに乗せてあげる」と話しかけられました。ただイタリア語だったのできちんと聞き取れず、とりあえず理解できたのは「どこか景色の良い場所に連れて行ってくれるんだ」ということ。好奇心からバイクの後ろに乗ったら、中心地からかなり離れた郊外まで連れて行かれてしまいました。

そこで初めて「ヤバいかも」と気付き、「帰りたい！」と主張してホテルまで送ってもらい事なきを得ました。

まぁ、何もせずホテルに送ってくれたということは、おそらく〝良い人〟だったんだと思います。

好奇心から知らない人についていくクセは、今も直っていません。

というのも、**知らない人についていくことで面白い体験ができることもあるから。**

メキシコで、地元の男性に「案内してあげる」と声をかけられ、山奥に連れて行かれたことがあります。少し「襲われるかも」という不安もあったけど、直感で「良い人そう」と思ったのでついていくことに。結局最後まで何もされず、その人の友だちも合流して一緒にお酒を飲んだりきれいな景色を見せてくれたりと、楽しい時間を過ごしました。

でも、話している内容から推察するに、その男性は多分〃反社会的〃な人。「この前警察官のフリをしたんだよ」と写真を見せてくれました。おそらく、詐欺をしたのだと思います。反社会的と聞くと身構えてしまう人もいると思いますが、その人は本質的には〃良い人〃でした。メキシコという国柄、貧しくてそれしか生きる道がなく、そういう方向に走ってしまうだけなのかもしれません。根は普通で、すごく良い人なのです。

良い人であることに賭けてついていくと、良い経験ができたり、ローカルの人しか知らない場所に行けたりする。推奨はできないけど、すごく楽しいです。

皆さんも、人についていくときは自己責任でお願いしますね。

私は誰のことも信じてしまうので、いつか痛い目に遭うかもしれません。

警戒しすぎるとチャンスを逃すかもしれないけど、危険を察知する力も必要です。

後悔しない旅をしたいから、一人行動が楽

単独行動をするのは、「全部の道を歩きたい」だけが理由ではありません。
実は**「考えすぎてしまう自分が面倒」**という理由もあります。

以前、友人と二人でイタリアのベルガモという街に行ったことがあります。

ベルガモは、北イタリアにある美しい街。城壁に囲まれた、中世ヨーロッパの雰囲気を感じられる場所です。

私はベルガモをとても気に入り、もっと歩き回ってみたいと思いました。でも友人は「ホテルに帰りたい」と言うので、「じゃあ私は残るね！」と別行動にしたのです。

ベルガモに1ヶ月滞在できるなら一緒にホテルに戻ったかもしれませんが、この日しかいられないなら、後悔したくない。悔いがないくらい満喫したいと思ったので別行動にしたのですが、こういうときって〝相手に合わせる〟人が多いみたいですね。

その友人とは今でも仲が良いのですが、イタリア旅行のことを振り返ったとき**「あのとき喧嘩したよね」**と言われました。

私的にはまったく喧嘩ではなく、ただ別行動をしただけ。でもその子の記憶では〝喧嘩〟として残っている。そのくらい、私の判断は珍しかったようです。

メキシコ人の場合は、意見が分かれたときはしっかり対話をします。

たとえば、旅行中だったら「自分はまだこの街に残りたい」とか「自分は教会じゃなくミュージアムに行きたい」とか、しっかり意見を言います。

そのうえで話し合い、「じゃあ別行動にしよう」とか「あなたに合わせるね」と結論を出します。

私の場合は、**話し合ったうえで「行かない」と断られるのが嫌**。

だから話し合うまでもなく、最初から「私はこうするね」と決めてしまいます。突き放しているわけではないのですが、対話をすることから逃げているところがあります。

友人と三人でヨーロッパ旅行に行ったときも、最初の数日はみんなで過ごしましたが、途中から一人で別行動をしました。このときも、特に相談・提案はせず、一人で決断しました。

対話した結果「じゃあついていくよ」と言われても、本当にその子がしたかったことじゃないかもしれない。そういうことを考えすぎてしまうので、そんな自分が面倒なんです。

これを「さっぱりしている」と思う人もいるかもしれませんが、結局は〝気にしい〟。**相手の気持ちをぐるぐる考えすぎてしまうこと自体がストレスなので、それをしなくても良いように行動した結果「さっぱりしている」と見られる**ようです。

週末のローマ旅行。コロッセオ付近で。

イタリア留学時、日帰りのフィレンツェ旅行。

日本から遠い国・メキシコへ！この国を拠点にすれば、旅行がお得だ！

「海外で働こう」と求人を探した際、メキシコのほかにも、インドやベトナムといった候補地がありました。

いくつかある選択肢の中で、私の第一志望はメキシコ。その理由は「日本から遠い」から。

海外に住むメリットって、**拠点が変わることで「日本から気軽に行けないような場所に行ける」**こと。日本から中国や韓国に行きやすいように、住む場所しだいで行ける国が変わります。

たとえばベトナムで働けば、タイやマレーシアに行きやすいメリットがあります。ただ、タイやマレーシアは日本からも比較的行きやすい海外。今後も、自分しだいで行くチャンスはありそうです。

一方で、メキシコは日本の裏側。移動に12時間以上かかるとあって気軽に行ける距離ではないし、ベトナムやタイ、マレーシアほど、日本人旅行者も多くありません。

同様に、メキシコ周辺のペルーやボリビアに日本から旅行するのは一苦労。時間もお金もかかります。

ということは、「**メキシコを拠点にできたらお得じゃん！**」

それが、移住先の希望を考える決定打になりました。

これまでの旅行はヨーロッパが中心だったので、ラテンアメリカは初上陸。でも、初めて行く国で働くことに対し、不思議なほど不安はありませんでした。

メキシコの求人内容は、駐在員さんの子どもをメインに見る日本人幼稚園の先生。駐在員がいるということは、日本人が現地に暮らしている前例があるということ。

また、私以外にも日本からメキシコに移住して働いている先輩も数人いました。仕事の内容的にスペイン語ができなくても働けるし、「私にもできるかな」と思えたのです。

履歴書を送ったのは、「メキシコが良いかも」と思った翌日。

履歴書を書いたり志望動機を考えたりするのって、すごく面倒くさいじゃないですか。だから少しでも熱量が高いうちに作業をしておきたくて、勢いのまま応募しました。

採用までの流れは、履歴書と作文の提出・面接の2ステップ。面接はオンラインで、メキシコの幼稚園と繋いで行われました。話したのは、日本人の副園長先生。

この面接の時点で〝メキシコっぽさ〟を感じ、私はワクワクしました。

面接ということで私はスーツを着ていたのですが、副園長先生にはまったくかしこまった感じはありません。スマホで「こんな感じの園です〜」と園内を見せてくれて、「面白そう！」と思いました。

求人に応募したのが、乳児院で働きはじめて2年目の6月頃。すぐ好感触の返事が来たものの連絡が止まり、面接まで進んだのは12月。メキシコに行ったのが翌年の5月なので、応募〜移住までは約１年。

この間「海外で働きたい」という熱意は衰えることなく、採用決定後、私は乳児院を辞めました。

1.

海外で働きたい！
求人の探し方

乳児院を離れ別の働き方をしてみたい。人生を変えたい。

そう思ったとき、海外以外にも「県外に引っ越そうかな」「保育士以外の仕事でもありかな」……といろんな選択肢を考えました。自分にとってどの選択肢が一番“きらめく”かなと考えたとき、前触れなく突然ひらめいたのが「海外移住」。でも、海外で日本人が働ける求人ってそんなにあるのかな？　海外移住を思いついた熱量のまま検索すると、意外といろんな求人がありました。

特に私が見ていたのは、教育系の仕事に関する求人。幼稚園や小学校の先生のほか、日本語教師など様々な求人がありました。とはいえ、求人を探していた時点で、私の勤務経験は約1年。「経験○年以上」という条件で求人を出しているところも多く、自分が応募できる範囲で絞ると、それほどたくさんは残りませんでした。

そうやって絞った先に残っていたのが、メキシコの幼稚園。「幼稚園の先生はできない」と思って乳児院に勤めていたわけなので、実は乗り気ではありませんでした。でもこの時点では「海外に住みたい」が第一目標。資格も活かせるし、どんな仕事でも良い！　と応募。

「採用」と連絡があったときは、すごく嬉しかったです。倍率が高そうだと思っていたし、連絡を受けた時点の職歴は2年。「大丈夫かな」という思いもありましたが、何よりも大きいのは「ワクワクする！」という想い。幼稚園の先生として働くために、苦手だったピアノの練習を始めました。

第2章

ユートピアはない

メキシコで感じたカルチャーギャップ！到着翌日から勤務スタート

メキシコ生活は、選択肢がそれしかなかったので〝シェアハウス〟でスタートしました。正確に言うと、✿**メキシコ人母子**が住む家の間借り。日本語教師をしている日本人も同じ家に間借りしており、キッチンやリビングは共用で一人部屋がある……というような環境でした。

メキシコに来てすぐに感じたカルチャーギャップは、**「シャワーを使わないときはプラグを抜く」**という、その家独自のルール。

その家では、プラグをさしている間だけお湯を使うことができます。お母さんいわく「プラグをさしっぱなしにしていると壊れる」そう。もちろんシャワー後にプラグを抜く習慣

✿**メキシコ人母子**
家を不在にしていることが多く、間借りしている日本人と二人で過ごす時間が長かった。

なんてないので、忘れて何度も怒られました。抜かなきゃ壊れるってことは、寿命なんじゃないの……？　と最初は戸惑いましたが、だんだんと慣れていきました。

メキシコ人は、日本人に比べるとモノを〝ギリギリ〟まで使います。車も平気で60万km以上走っているので、ストレートでは車検に通りません。そのため、賄賂《わいろ》を渡して車検を通すのもメキシコではよくあること。

基本的に車はオンボロなので、日本でやっていたように勢いよくドアを閉めると「壊れる！」とすごく怒られます。

ギリギリまで乗って道に捨てられた車

日本人も、長くモノを使う人は多いと思います。

でも、メキシコ人の〝モノの寿命〟に対する感覚はレベルが桁違い。これは、大事に使っているというより、〝貧しさ〟ゆえのもの。メキシコの平均年収に比べると家電は高いし、車はもってのほか。だからこそ、**「寿命ギリギリまで使い切ろう」というスタンス**なのだと思います。

また、メキシコには〝ベッドメイキング〟のマナーがあります。

間借りしていた家の✿**お母さん**には、かなり厳しく**「起きたらベッドメイキングしなさい！」**と言われていました。メキシコでは「ベッドメイキングをしない人＝ちゃんとしていない人」という認識のよう。私の結婚相手については第6章で詳しく書きますが、メキシコ人の夫も親から厳しくしつけられたそう。イメージとしては、日本で言う「玄関で靴をそろえる」みたいな感じです。

この家に間借りしていたときは頑張ってベッドメイキングしていましたが、自分にない習慣なのでやっぱり面倒くさい。

✿ **お母さん**

お母さんはかなり厳しい人で、門限も設定されていました。メキシコシティは治安が悪いと思っているようで、帰りが遅くなると「何かあったらどうするの！」とだいぶ怒られました。

余裕があるときはベッドメイキングするけど、やらないことのほうがずっと多いです。

幼稚園での勤務がスタートしたのは、メキシコに到着した翌日。

私が採用されたのは、幼稚園～高校までが一緒になった私立の学園でした。大きな学園なので日本人コースがあり、私の勤務先は駐在員の子どもが通う幼稚園。最初に担当したのは、年少さんのクラスでした。

勤務時間は、平日の7時～15時の8時間。

最初は先輩について見学し、徐々に交代でクラスを見るようになりました。先輩が研修のためしばらく日本に行くことが決まっており、業務を教えてもらえるのは約1週間。働き始めて1週間後には一人で1クラス担当することになり、プレッシャーを感じながらメキシコでの勤務が始まりました。

スペイン語を学びたい！夏休みを利用し、グアテマラへ

海外で働くことを考えたとき、多くの方は「言語」に不安を覚えると思います。

現地で仕事をするにあたり、その国の言葉でうまくコミュニケーションがとれるのだろうか……？　海外で働くことに憧れても、まず言語の壁にぶつかるのではないでしょうか。

メキシコはスペイン語圏の国。

これまでスペイン語を習ったことはありませんでしたが、馴染みのない言語の国で暮らすことについて、私はあまり気にしていませんでした。というのも、私が採用された職場は日本語だけでも不自由なく働ける環境だったから。

子どもやその家族は日本人だし、同僚もみんな日本人。たまにメキシコ人クラスの先生と一緒に会議をすることもありますが、翻訳してもらえるので問題はありませんでした。

ただ、仕事面ではスペイン語が必要ではないとはいえ、日常生活ではよく不便を感じます。スーパーでほしいものの場所を尋ねるだけなのに、毎回Ｇｏｏｇｌｅ翻訳を使わなきゃいけないのは面倒くさい。

それから、メキシコでは初めて見るものがたくさんあったので「これは何？」とすぐに聞いてみたい。そしてその答えも理解できたら、もっとメキシコ生活が楽しくなるはず！

メキシコに来て約2ヶ月後。夏休みを利用し、私は1ヶ月間のスペイン語留学に行くことを決めました。

スペイン語を学ぶ国として選んだのは、グアテマラ。上司に「**グアテマラが安いよ**」とオススメされたのがきっかけです。メキシコからグアテマラは距離が近く、航空券代を抑えられるのも魅力的でした。

私は**事前に計画を立てるよりも、その時の✿フィーリングで決めたいタイプ**なので事前

✿フィーリングで決めたいタイプ
特に長期の旅行など、先のことまで計画を立てても「なんかやっぱ違う」と気が変わることが多いので、もう計画を立てること自体をやめました。

準備はせず「グアテマラで勉強する」ことだけを決めて、とりあえず現地へ。✿**アンティグア**という街に行き、当たりを付けていたスペイン語学校に**「明日からここに通いたい！」**と直談判《じかだんぱん》。その場で料金を支払い、翌日から2週間、毎日6時間スペイン語を学ぶことになりました。

イタリアに留学したときはグループレッスンだったのですが、グアテマラはマンツーマン。先生と1対1なので、グループレッスンに比べ自分が話す割合が高くなります。6時間ずっとしゃべりっぱなしなので楽しかったし、格段に〝話す力〟が身に付きました。

アンティグアに2週間滞在した後は、少し離れた✿**サンペドロ・ラ・ラグーナ**に移動。タクシーで移動しながら語学学校を探し、夏休みの残り2週間は、この街で学びながら過ごしました。

ちなみに、学費は1ヶ月で約5万円。ホテルは1泊5000円以下だったので、だいぶ費用を抑えてスペイン語を学ぶことができました。今は当時に比べてだいぶ相場が上がっていますが、それでもグアテマラは「安い」で有名。

✿ **アンティグア**

アンティグアは、グアテマラの首都・グアテマラシティから車で約1時間のところにある小さな街。世界遺産の街としても知られています。

グアテマラはあまり聞いたことのない国かもしれませんが、現地の語学学校には日本人も意外と通っています。グアテマラでは、学校で知り合った日本人に誘われて孤児院のボランティアにも行きました。

日本で私が働いていた乳児院は、社会福祉法人なので税金で運営されています。一方この孤児院は、アメリカ人からの寄付が運営の財源。スタッフを雇う余裕がないので看護師さんは最低限の人数しかおらず、あとは外国人ボランティアがおむつ替えなどを手伝っていました。つまり、無償でサポートしてくれる外国人がいないと安定的に運営できない、という状況。

自分が働いていた乳児院との差が凄まじく、ここでの経験はかなり印象に残っています。コロナ禍の間は外国人が来られなかっただろうし、今はどうなっているんだろう。

こういった施設は自分たちで利益をあげることができないため、寄付やクラウドファンディングに頼っていると、有事の際にすぐ運営危機に陥ってしまいます。福祉の難しさを感じた経験でした。

✿サンペドロ・ラ・ラグーナ
アンティグアからバスで4～5時間ほどの場所にある、小さな街。アティトラン湖のほとりに位置しています。

1ヶ月で最低限のスペイン語を習得。「動詞を使い10個例文を考える」勉強法

スペイン語を公用語にしているのは、スペインやメキシコのほか、アルゼンチン、チリ、キューバなど、約21の国や地域。スペイン語を母語とする人は英語・中国語についで3番目に多く、地球上で5億人以上が使っていると言われています。

スペイン語は動詞の活用が多く、主語により6つの形に変化します。

ａｒ動詞、ｅｒ動詞、ｉｒ動詞で活用のパターンが異なるだけでなく不規則変化の動詞も多いため、「難しい」と感じる人も多いのではないでしょうか。

ただ、個人的にはそこまで難しいとは思いませんでした。

というのも、**スペイン語の母音は日本語と同じa、i、u、e、oの5つ。**日本語と発音が似ているため、しゃべるのが難しくありません。

活用を覚えるのは面倒ですが、法則と例外だけ覚えたら案外大丈夫。私の場合は、グアテマラでみっちり１ヶ月学んだ結果、最低限のスペイン語をしゃべれるようになりました。

自分に合っていた勉強法が、**「動詞を使って10個例文を考える」**というもの。これはアンティグアで担当してくれた先生の方針です。

毎日６時間マンツーマンで学び、しゃべりまくってメモをして、ホテルに戻って復習。習ったフレーズをすぐに使って例文をつくる……その繰り返しにより、だいぶスペイン語が身に付きました。

スペイン語を習得できたことで、日々の意思疎通がかなり楽になりました。

メキシコを出てラテンアメリカ旅行に行くときも言葉が通じるので、すごく便利！　日本語だと日本国内でしか通じないので、それに比べると世界が広がります。

覚えたい言語があるなら、まずはその環境に飛び込むのが一番！　個人的には、✿**学んだことを「すぐ使う」環境に行くのが大事**だと思います。

✿学んだことを「すぐ使う」環境に行くのが大事
カタコトでもスペイン語を話せるとすごく喜んでくれて、一言話すだけでお世辞でも「上手だね！」と褒めてくれます。グアテマラでは、恥ずかしさを感じたり嫌な思いをすることはありませんでした。

日本とメキシコ 両方の幼児教育現場を見て感じた違い

メキシコの幼稚園で働きはじめ、仕事内容にはすぐ慣れることができました。それは、同僚の先生たちがすごく優しかったから。いろんなことを教えてくれたし、手伝ってくれたし、見よう見まねでやっているうちにすぐに覚えることができました。

乳児院に比べて大変に感じたのは、保護者の対応。乳児院では保護者対応が少なく、たまに面会に来るお母さんと接したり、月に一度お便りを書いたりするくらい。

幼稚園の場合は連絡帳を書いたり、子どもの様子を報告したり、ケガをした場合は逐一連絡したり……。日本の幼稚園も同じだと思いますが、ここまで深く保護者と関わるのに慣れていなかったため、苦労することもありました。

私が働いていた幼稚園にはメキシコ人クラス・日本人クラスがあったので、間近でメキシコの幼児教育も見ることになります。

日本では何事にも意味を求めて、常に目的を持って教育していますが、メキシコの教育はただ面倒をみる施設のようで、違いを感じました。

たとえば、子どもが登園してくるときの対応から違いがあります。

日本の場合は、子どもが教室に入ってきたら、自分で〝お支度〟ができるように教え、見守ります。自分で水筒をカゴに置いて、スモックを着て、カバンを開けて……そういったルーティンを「自分でできるようになろう」というのが日本の教育。どこの幼稚園も大体そうだと思いますし、メキシコでも日本人クラスはそういう方針でした。

一方メキシコは、子どもが教室に来た瞬間、先生がパパっと荷物を受け取り、全部やってしまいます。子どもが「靴が脱げない」と言ったら、日本のように見守ることはなく、先生が脱がせる。

朝のお支度を先生が全部やってあげるのと同様、絵を描いたり作品づくりをしたりするときも、先生が全部手伝います。それがなぜかというと、「絵を上手に描くよう教える」のが目的で、「楽しむ」ことではないから。

日本の場合、絵や作品づくりは「自分でどれだけ頑張ったか」が重要ですよね。子どもが自分で取り組む過程を親も教師も大切にしています。

歌の発表会も同じ。日本の場合は、下手でも子どもたちが一生懸命歌っているのが大切。でもメキシコは、〝美しく〟歌うことを求められるのです。

これには「学校の役割」の違いが関わっていると思います。日本の学校は、勉強だけでなく集団生活や社会性を学ぶ場所でもある。最近、小中学校では放課後の指導も先生の仕事になっている現状が指摘され、「どこまでが教員の仕事か」と論議されているのを見ました。そのように勉強だけでなく道徳観を教えたり、生活指導をするのも先生の仕事とされていますよね。

メキシコはというと、学校は勉強を学ぶ場所。幼稚園でも、英語教育は特に熱心で年齢の割に求めるレベルが高いと感じました。他には、生徒に怪我があれば教師の監督責任なので安全を守るのも大事な仕事です。ただ、勉強以外のことも熱心に指導するかは学校や先生次第なところが大きいです。たとえばいじめ対応も日本のようではなく、基本教師は深入りしないとよく聞きます。もちろん、学校に責任を求める保護者もいますが教師側も「そこまでするのは自分の仕事じゃない」というスタンスなんだとか。このように、日本では躾に近い部分も学校へ求めがちなのに対してメキシコでは、躾は家庭でするものと考えられています。

小学校以降の話になりますが、掃除当番や給食当番はメキシコにはありません。特に掃除は「清掃員や家政婦がするもの」という文化です。学校の掃除は清掃員がしますし、家政婦も日本に比べるとかなり安く雇えるので一般的な家庭でも普通に利用しています。これもメキシコで感じたカルチャーショックのひとつです。

そう考えると、先ほど話した幼稚園での〝お支度〟もですが日本は子どもに自立を促すような活動が多いですよね。

また、日直や班活動の文化もメキシコにはありません。これは集団行動をどれほど重んじるのかという文化の違いがありそうです。

どっちが良い・悪いはわからないけど、明確な違いがあります。

移住して5ヶ月後、間借りしていた家を出て一人暮らしスタート

メキシコに移住して5ヶ月後、間借りしていた家を出て一人暮らしを始めました。

メキシコ人母子の家を出た理由は、大家さんが飼っていた犬をめぐって私の不満が溜まったから。

大家さんは別の州にも家があったので、頻繁に家同士を行き来していました。その際は犬も一緒に移動していたのですが、もう一方の家で飼っている猫が病気になってしまったことで、犬を連れて行けない状況に。

母子の不在中、犬の世話はどうするんだ……。

という問題が浮上したとき、大家さんに**「不在中は犬の世話をしてほしい」**と頼まれたのです。

私は実家で犬を飼っていたこともあって、犬が大好きでした。また、世話と言っても「ご飯をあげるだけで良い」ということだったので「良いよ」と快諾。

ただ、蓋を開けてみると犬はまったく躾《しつけ》をされておらず、所かまわずトイレをしてしまいます。結果的に、毎日仕事から帰ると家中を掃除する羽目に。

ルームメイトは犬が苦手だったため、世話はすべて私が請け負うことになりました。

そして、数日と言っていたのに、一向に帰ってこない大家さん。

そんな日々が１ヶ月ほど続いた結果、「さすがに遠慮がなさすぎるでしょ！」と私は我慢の限界に。

「いつ犬を迎えに来るの？　もう面倒見れないよ！」と伝えたところ、なんと大家さんから「冷たい！」と言われてしまったのです。

大家さんと私では、常識の範囲がまったく異なるのだなと思いました。日本だったら、どんな人でも多少は遠慮すると思いますが、メキシコではこちらがお人好しだと、どんどんエスカレートして飲み込まれてしまうイメージです。

もし私が意見しなかったら、数ヶ月間、平気で犬を預けたままにされていたと思います。

大家さんは「あなたは犬が好きだから良いでしょ？」と、一切悪気がなかったのかもしれません。

「いいよ」とは言ったけど、数ヶ月となると話は違う。察してもらえないので、そういう事もいちいち言葉にして伝えないといけないんだ、とカルチャーショックを受けました。

間借りの解約には勤務先もかかわることなので、大家さんとの話し合いのときは上司も同席。間に入って通訳をしてくれて、退去することができました。

✿**引っ越した**結果、家賃は倍くらいに高くなってしまいました。

✿**引っ越した**
日本のようなややこしい契約はなく、デポジットと家賃を払えば住むことができました。

でも、久しぶりに一人になれたのでかなりの開放感。もう二度とルームシェアはしない！と思いました。

メキシコには、一人暮らしをしている人があまりいません。

ちなみに、日本だと「大人になっても実家暮らし＝ダサい」みたいなイメージがありますが、**メキシコの場合は結婚するまで実家暮らしをするのは普通。**

人生初の一人暮らしをした部屋

実家を離れなくてはならない場合、ルームシェアをする人が多いです。友人同士ですることもありますが、知らない人とシェアすることも一般的。そのため一人暮らし用の物件が少なく、家探しをするときはけっこう苦労しました。

メキシコは日本に比べ家が広く、狭い家は好まれません。

不動産業をやっている友人が約40㎡の部屋をＳＮＳで紹介したところ、大炎上。メキシコ基準だと狭いわりに高かったこともあり、「こんなに狭い部屋でどうやって暮らすんだ」「人間として最低限の生活ができない」と辛辣なコメントが寄せられていました。

メキシコは、「狭くて一人暮らし」か「広くてルームシェア」かだと絶対に後者が良いとされる文化。「一人の時間がほしい」みたいな感覚も、日本に比べると薄いです。

おそらく、何でも口に出す文化なので、他人とルームシェアをしていたとしても「気を遣わない」のだと思います。

ルームシェアだと「どのタイミングでシャワー浴びようかな」など、気を遣うことも多いですが、メキシコ人はそういった探り合いがありません。

探り合いがない理由として、お風呂やキッチンを使う時間をルールとして決める人が多いです。たとえば、毎日20時〜21時はAさん、というように、快適に暮らすために話し合いを重ねる習慣があるようです。日本だと、話し合わずに察し合いで何とかなる部分もありますが、そのぶん不満が溜まりやすそう……。

そのため、**同じ部屋に人がいたとしても〝自分は自分〟でいられます。**

これが「一人の時間がほしい」とならない理由だと思います。

私にとって、**何よりも大切なのは自分のメンタル**。

ちょっとくらい節約しなきゃいけなかったとしても、引っ越して正解。

我慢して生活するより、家にお金を払って良かったと思います。

コロナ禍のメキシコ 幼稚園はオンラインに

メキシコで働き始めて半年ほど経った頃、新型コロナウイルスの流行が始まりました。流行が始まった当初、メキシコでは「中国で何か起きてるみたいだよ」「日本でも流行ってるみたいだね」……と、けっこう他人事。まさか世界中に流行が広がり、メキシコにまでウイルスがやってくるなんて思ってもいませんでした。

2020年3月頃になると、メキシコでも少しずつ感染者が増加。4月くらいから、「外出を控えるように」「バスの運行停止」などの規制がスタートしました。

メキシコには、医療従事者でない人がマスクをする文化がありません。ただコロナが流行ったことで、メキシコでも「マスクを着けよう」という動きが出ました。

でも、いわゆる〝マスク警察〟はいません。スーパーにはマスクをしないと入れない、電車にも乗れない……といった規制はありましたが、その決まりがない場所であればマスクをしない人もたくさんいました。

感染を極度に恐れている人は、マスク云々ではなく、そもそも家から一歩も出ないという徹底ぶり。日本は「普通の生活を維持しつつもコロナ対策をしよう！」という感じでしたが、メキシコは普通の生活を送る以上、感染しても仕方ないよね。みたいな考え。珍しいことに水際対策も全くなく、他の国との行き来も自由でした。もともとトラブルが多い国なので、メキシコ人はみんなトラブル慣れしています。ありえない事態が起きても、お得意の「仕方ない」精神で乗り切れる人が多いです。

コロナ禍でもそれが発揮されていたのか、立ち向かうというよりは受け入れるしかないよね。みたいな雰囲気だったと思います。

メキシコでもコロナ規制が厳しくなり、4月、私は日本に一時帰国することを決めました。春休みだったので、「日本に帰ろう」と思った瞬間にチケットを購入。その日の夜にメキシコを出る航空券を取り、すぐにパッキングに取り掛かりました。「すぐ帰ってくる」と思っていたので、家もそのままです。

約1年ぶりに戻って来た日本は、……最高。

日本食が恋しかったので、駅弁を購入し実家に帰る新幹線のなかで食べて「美味しい！」と感動。メキシコにはシャワーしかなかったので、お風呂に浸かり「気持ちいい！」とまた感動。久しぶりの日本を満喫しました。

コロナ禍当時、幼稚園はオンライン教育をしていました。

オンラインで朝の会をし、作品をつくるのもオンライン。事前に用意するものを親御さんにお伝えし、画面越しに「画面を見て先生のマネをしてね」と切ったり貼ったり。それから、歌や踊りももちろんオンライン。先生とオンラインでやり取りするだけで、子ども同士の関わりはほぼなくなってしまいました。

幼稚園において私がもっとも大切だと思っていたのは、コミュニケーション。子どもたちは友だちと遊ぶなかで人間関係の構築を生で学ぶ……これが1番重要だと思っていました。失敗もあるけれど、それをサポートするのが教師の仕事だと考えるから。これってオンラインではできないことです。

日本に戻り、7月頃までは私もオンラインで仕事をしていました。

ただ、徐々に幼稚園の仕事にやりがいを感じなくなっていきます。

✿ ビザが切れる
就労ビザは1年更新。ここで更新すると、次は3年間の就労ビザをもらうことができます。その次のステップが永住権。

そうこうしているうちに、メキシコ滞在の✿**ビザが切れる**期限が迫っていました。ビザの更新をするにはメキシコに戻らないといけないのですが、今戻ったところで外出も旅行もできない。仕事内容もやりたいことと違う……。

そこで、**私は「コロナが落ち着いたら復職します」という前提で幼稚園を辞めることにしました。**

ただ、すぐにメキシコに戻れると思いきや、コロナの流行はどんどん拡大していきます。自分が納得できないことには熱意を注げない性格なので、メキシコに戻る意味を見出せずにいました。

私には、**後から思い返したときに「この選択をして良かった」と思えるように行動したいという考え**があります。このときも、「せっかくだから今しかできないことをしよう」「このタイミングで日本に帰ってきたのも神様の思し召し」。

そう考えて、ずっと興味があった行政関連の福祉の仕事を日本で探してみることにしました。

そして、✿**市役所の子ども相談課**に応募しましたが、そこは不採用。

最終的に、母子支援施設で働くことになりました。

✿ **市役所の子ども相談課**

市役所の子ども相談課は、親御さんが子育てに関する相談をしに行く窓口みたいな場所。乳児院に来る、前段階に訪れる場所です。

日本で働き、メキシコの良さを再確認。メキシコの幼稚園に再雇用

私が働き始めた母子支援施設は、様々な事情を持つお母さん&子どもを保護するための施設。DVを受けており自宅に帰れない、借金がある、住む場所がない……✿**様々な事情**を持つ方々を受け入れている場所です。

私の仕事内容は、主に子どものお世話。✿**お母さんの支援はほかの職員**が担当していました。たとえば、借金がある方だったら、返済のためにどうしていくべきかの計画を一緒に立てるなど。目標は、施設から出て自立すること。そのためにどうしたら良いのか考え、親身になってサポートしている職員さんを間近に見て「こういう支援の仕方もあるんだ」と勉強になりました。

✿ **様々な事情**
DVから逃げているなど外に出ると危険なお母さんもいるため、私たち職員が代わりに買い物をすることも。

ただ、再び日本で働いたことで、私は「**早くメキシコに戻りたい**」と思うようになります。というのも、メキシコ・日本両方で働いた結果、「日本のほうが良い」と思うことが皆無だったから。

乳児院ほど複雑な人間関係ではありませんでしたが、やはり暗黙の了解は結構ありました。たとえば、自分が休みだったとしても、職場でイベントがあれば行かなければならないという暗黙の了解。私は行きませんでしたが……。

また、「緊急の連絡があるかもしれないから」と、休日でも携帯をずっとつながる状態にしていなければならない。非番制度を作れば良いのでは……と思いましたが、「明日で良いじゃん！」みたいな緊急以外のことでも休日に電話がかかってくるのが普通だったので、プライベートをしっかり分けたいと思っているのは私だけのようでした。

日本で働いたことで、あらためて自分には「メキシコのほうが合っている」と実感。約1年日本に滞在し、２０２１年４月にメキシコに戻りました。

✿１年ぶりに戻ったメキシコは、以前に比べてちょっとだけ衛生面が改善されていました。料理する人はマスクや帽子を身につける、ハンドジェルを付ける……。日本に比べれ

✿１年ぶりに戻ったメキシコ
すぐ戻る前提でメキシコを出たので、家賃をずっと払い続けていました。ちょうど同僚が間借りしていた家を追い出されたので、家賃を折半して住んでもらうことに。ちょうど良かったです。

✿お母さんの支援はほかの職員
私もお母さんの支援に興味を持っていたので、子どものお世話がメインであることにちょっと物足りなさも感じていました。

ば全然ですが、コロナ禍を経て少し変化を感じました。

メキシコに戻り、私はすぐ幼稚園に復職。
「意見を言うことが良し」とされている文化なので、会議では上司と部下、メキシコ人と日本人関係なく、納得がいくまで徹底的に話し合います。日本人の先生方も良い意味で日本人らしくなく、「海外へ出た日本人」という点で考えが似ていたのだと思います。
「やりがいを感じられない」と私が辞めた仕事を一生懸命工夫して続けていた同僚の先生方。感染症で学校が長期閉鎖なんて初めてのこと。そんな前例もなく先が見えない状況の中でも、いろいろと模索しながら立派に仕事をしている先生方を見て、自分が情けなく感じたし、「根気強さ」が自分には欠けていると気付きました。と同時に、心を入れ替えて生徒たちのために頑張ろう！と決意しました。

そして、2学期からは約1年半ぶりの登園が開始しました。

当時、私はメキシコ人英語教師との価値観の違いについて、よく考えていました。その英語教師は、英語を教える資格は持っていますが幼児教育に関する知識は持っていません。だからか「子どもたちがどうしたら授業に興味を持ってくれるか」という視点がなく、4歳くらいの子どもに対しても大人に対するように授業をします。

結果このクラスの子たちは「集中力がない」「レベルが低い」……と言い出すわけですが、それは子どもたちでなく教師の責任。目的は「お勉強」ではなく、子どもが「興味を持って楽しむ」ことじゃないの？　そのために教え方を工夫するべきじゃないの？　とモヤモヤ。これは英語教師と話し合わないといけないな……。と考えていました。

メキシコの良さを感じつつ、価値観の壁にもぶつかり悩むこともあるけれど、充実した日々を送っていました。やはりメキシコは私に合っているようです。

しかし、メキシコに戻り約半年。

その年の10月、私は突然、幼稚園を退職することになります。

突然のクビ宣告。メキシコの幼稚園で、弁護士や上司と戦う

2021年10月1日、私は職場から突然「クビ」を言い渡されました。

ことの発端は、宣告を受ける約2週間前。コロナ禍の影響で、学園の職員の子どもを居残り保育で預かることになったのがきっかけです。

幼稚園の勤務時間は、7時から15時。担当している子どもたちは13時に帰宅するので、その後の2時間は準備の時間です。7時から15時の勤務時間に休憩は含まれていないので、昼食を食べる時間でもありました。

お便りを作ったり、授業やイベントの準備をしたり、保護者への連絡をしたり、日誌を書いたり……。自分はもちろん、お預かりしている子どもや保護者に関わる仕事をする時間なので、欠かすことはできません。

それなのに、この2時間をすべて「居残り保育にあてるように」と言われたのです。つまり、必然的に残業が発生するということ。にもかかわらず**「残業代は出ません」の一点張り**。上司の言い分としては、「残業しなくていいように、時間を有効利用して」ということらしい。「どうやって？」と聞くも具体的な案はありません。

当時の給料は、日本円換算で手取り月9万円ほど。**メキシコでの平均**くらいの水準です。個人的には、仕事内容や労働時間などを鑑みて納得していた金額。

ただし、サービス残業が増えるとなると話は別。私は上司を交え協議を重ねることになりました。

せめて残業代が支払われるのであれば良かったのですが、学園としては「絶対に払えない」というスタンス。もともとの給料も高いわけではないのに、残業は必須、残業代は払わない……と、学園側の意見は変わりません。

さらに、その2時間が失われることでどんな弊害があるのか、説明してもまったく理解

メキシコでの平均
大学を卒業して働いている
メキシコ人の平均水準。

してもらえません。

学園長に直談判までしましたが、**いろんな言い訳**をされて、結局「残業代は払えない」という結論。まったく埒《らち》があきません。

ある会議では、話し合いの末**「余裕のあるほかの先生に居残り保育をお願いする」**という結論に。しかしその数日後、「やっぱり他の先生にお願いする話はナシで」とひっくり返される……そんなことが続き、私はものすごいストレスを感じていました。

その挙句、副園長から「残業が嫌なら、保護者への連絡は次の日にすれば良いんじゃない？」と言われる始末。「そんな無責任な担任あり得ないでしょ……」と流石に呆れました。

揉めていたこの2週間ほどは、怒りとストレスのあまり、夜も眠れないほど。

私が論理的に話をしようとしても、「**子どもが好きじゃないの？**」と感情論で返してくる……会話のキャッチボールが成り立ちません。子どもが好きか嫌いかって、この問題に何の関係があるの？「子どもが嫌いなのに幼稚園で働く人いるの？」「子どもが好きなら残業しろってこと？」と、すごくモヤモヤしていました。

そんな不安定な日々を過ごしていたある日、私は「話がある」と会議室に呼び出されま

学園長に直談判

日本人向けのコンプライアンス窓口が学園長だったので、直接学園長のところに行きました。

いろんな言い訳

学園長からは「生徒が減って財政が厳しい」「それでもコロナ禍に先生をクビにしていない」など、言い訳をされました。

す。中に入ると、学園の上層部・人事・通訳・✿**弁護士**が勢ぞろい。そして「**明日でクビ**」と宣告されるのです。クビの理由は「コロナが理由の人員整理」。

いやいや、一クラス担任を持っているのに、そんな理由がまかり通るわけがありません。さらに、一方的に「退職金は３万円」と突き付けられました。

この時点までは、私は「辞めたくない」と思っていました。

仕事内容は好きだったし、残業は絶対にしたくないけど仕事は続けたい。だから「もう残業を受け入れようかな……」と思うこともあったけど、これを受け入れてしまうと、今後も、無茶な要求が増えるリスクもあります。

だからこそ戦っていたのですが、こんなふうに突然「クビ」と言ってくる学園ってどうなんだろう。しかも**子どもに道徳を教える立場なのに、こういうことをするんだ……**。それがショックで、会議中に「ここにしがみつくのはやめよう」と完全に吹っ切れました。

切り替えた私は、冷静になり「✿**その金額ではサインできません**」と宣言。また、日頃の上司との会話を✿**録音**していることを伝えた上で、「**残業の強要や突然のクビについて訴えます**」と主張しました。後から知ったことですが、予告なしでクビにするのは違法らしく、あっちにも負い目があったようです。

✿ **その金額ではサインできません**
最初は「100万円希望」と吹っ掛けました。

✿ **弁護士**
日本では、弁護士になるのはとても大変。でもメキシコでは、そこまでではありません。

✿ **余裕のあるほかの先生に居残り保育をお願いする**
メキシコ人のクラスは担任二人制なので、交代で作業ができます。一方私は一人で担任をしていたので、作業の分担ができません。

結果「じゃあ、いくらほしいの？」と退職金の交渉が始まり、通訳が何度も弁護士と学園長を行き来し、金額の折り合いが付くところで決着を付けました。

「明日でクビ」と言いつつ、その日は金曜日。つまり、当日中に荷物をまとめて出ていく必要があります。私が✿**暴れて物を壊さないか監視**されつつ、自分の荷物をまとめ、帰宅。家に着いた頃には、業務用のメールアドレスも使えなくなっていました。

本当にいきなり起きた話だったので、私は担当している子どもたちや保護者に何の挨拶もできないまま、学園を去ることになりました。子どもたちや保護者の視点から見たら、いきなり先生がいなくなった、という状態です。

学園は完全に私をシャットアウトしているので、私は**「保護者に対して学園に都合の良い嘘をつかれる」ことを危惧**しました。たとえば、私が何か重大な違反を犯して辞めたとか。先生が突然クビになるなんて、相当な出来事。「違反があった」などと説明されたら、保護者も信じてしまうと思います。

自分のいないところで、学園の良いように物事を進められるのは嫌だ。そこで、私は副園長に「保護者に対して事実と異なる説明をしたらあなたを訴えます」とメール。また、✿**同僚**たちにも「嘘の説明をされていたら教えてください」と依頼をしました。

✿**暴れて物を壊さないか監視**
理不尽な理由でクビになる場合は、クビになった腹いせにガラスを割ったりされることを危惧して、三人くらい監視がつくようです。

✿**録音**
会議が始まるとき「録音しても良いですか？」と聞いたら「ダメ」と言われました。何か都合の悪い話をするんだろうなと思い、こっそり録音。

本当に怒涛の展開ですが、親身になってくれていた事務の方に言われた「人間万事塞翁《ばんじさいおう》が馬だよ」という言葉に救われました。つまり、後から振り返ったらこの結果を「良かった」と思えるよ、ということ。

私自身こういう考え方が好きだし、✿**いつか「辞めて良かった」と思えるように**これからの人生を生きていこう、と決心しました。

また、学校にスイーツを売りに来ている日本人のおばさんに「今日で辞めることになった」と伝えたところ、詳細は話していなかったにもかかわらず「**先生は自分の意志を貫いたんですね！**」と言ってくれたのです。この言葉も、心の支えになりました。

今思えば、同僚の先生たちも納得はしていませんでした。でも「仕方ないよね」と同僚同士で愚痴って解消する感じ。私にはそれが出来ませんでした。私のモットーは、愚痴っても現実は変わらないから愚痴らない。嫌な事があった場合は行動して現実を変えるのみ。でも、こういう考え方って圧倒的に組織に向いていないと思います。

普通の社会人は理不尽なことがあっても、仕事終わりに飲んで愚痴ってストレス解消して、明日からまた頑張ろうと気持ちを入れ替える事ができる。今回クビになって、多少の理不尽にも目を瞑らないと組織ではやっていけないのだと気付きました。

✿いつか「辞めて良かった」と思えるように

最近、やっと「辞めて良かった」と思えるようになりました。この騒動を機に「私は雇われるのに向いてないんだ」と思うようになったから。ここでクビになっていなかったら、また雇われる道を選んでいたと思います。

✿同僚

良くしてくれていた同僚たちは、クビという結末にかなりびっくりしていました。また保護者の皆さんもすごくショックを受けていたとのこと、迷惑をかけてしまいましたが、少し嬉しかったです。

2.

5年で2〜3倍！
メキシコの
物価&給料事情

私が移住をしてから現在にかけての5年程で、メキシコの物価は2〜3倍にまで上がっています。メキシコのGDPはここ数年で急成長しており、それに伴い給料も増加。肌感覚ですが、少しずつ豊かになってきているように思います。

たとえば、家賃。私がメキシコに行った2019年当時の家賃は、一人暮らしの場合は月3万円程（日本円換算）。ルームシェアであれば、月1万数千円程度で住む場所を確保することができました。移住当時、私の給料は手取り9万円程です。日本で考えると暮らしていけない金額ですが、メキシコでは十分に生活できる水準。贅沢はできませんが、たまに外食をしたり、国内旅行に行ったりとプライベートを楽しめるぐらいの金額でした。

近年の物価上昇に伴い、給料も2〜3倍に上昇しています。市場で野菜を買うなど買い物を工夫すれば、物価上昇のあおりを最小限にすることができます。そのため生活に余裕が生まれているのか、最近は日本に旅行するメキシコ人が急増。かつては「日本なんて高くて行けない！」というイメージでしたが、現在は円安の影響も手伝い、日本に旅行する人がかなり増えています。

第3章

とにかく明るいラテン気質

メキシコ人の陰キャは日本の陽キャ。ベースが明るいメキシコ人

メキシコ人とコミュニケーションを取っていて感じるのは、「**メキシコ人の〝陰キャ〟は日本の〝陽キャ〟**」ということ。

メキシコ人にもいろんな性格の人がいますが、総じて自分を持っていて強いと思います。「陰キャ」と言われると暗くて流されやすくじめっとしたイメージがありますが、メキシコではそういう人に会ったことがありません。

身近な事例をあげると、夫の弟。

彼は自分のことを「すごく暗くて引きこもりのオタクなんだ」と言います。

夫も「うちの弟は暗い」とか「社交的じゃない」と評します。ゲームが好きで一人で過ごすことの多い彼は、実際、メキシコの価値観の中では〝陰キャ〟の部類なのだと思います。

でも、私からしたら彼は全然陰キャじゃない。

ゲームをしながら「ギャー！」と叫んだり、いきなり歌い出したりするし、普通に他人とも話せるし。「僕は引きこもりなんだ」と言いつつ大学にはちゃんと通っているし、友だちもいるし……。

パーティーの場に行っても一人でゲームをしているのですが、これって逆にメンタルが強い。みんながお酒を飲んで楽しく話している横で、一人で平気でゲームをしている……この自分を貫ける感じ、どこが陰キャなの？

親戚の集まりがあったときも、彼は最低限しか言葉を発さず、ずっと自分の世界に入り込んでゲームをしていました。

これ、日本人から見たら「めっちゃ強い人」じゃないですか？　決して明るいわけではないけど、〝自分〟を貫けている。日本の陰キャとは全然違っていて、**メキシコ人はベー**

スが陽なんだなと思います。

初めて会ったときもフランクに話してくれたし、私自身、彼から暗い印象はまったく受けませんでした。

メキシコ人は、日本人に比べて根が明るい。

いきなり大胆な行動をしがちだし、「これのどこが陰なの？」とよく思います。

腕にタトゥーが入ったやんちゃそうなバスの運転手さん。メキシコには、誰もが自己主張することを良しとする社会のムードがあります。

どこでも踊るメキシコ人。ダンスが上手い人がモテる国

メキシコでは、ダンスが上手い人がモテます。

メキシコ人は、踊るのが大好き。

個人的に、✿**メキシコのダンス文化は日本のカラオケ文化に似ている**と思います。カラオケって飲み会の定番だし、学生の頃からみんな経験しますよね。

メキシコのダンスも、こんなふうに誰もが通るイメージです。

メキシコでは、パーティーがあれば絶対に踊ります。道端でも、バンドの生演奏に合わせて通りすがりの人が踊っている光景をよく見ます。結婚式も踊っている時間が長いし、

✿ メキシコのダンス文化は日本のカラオケ文化に似ている

ダンスに自信がない人はあまり人前で踊りたがりません。ラテンっぽく「下手でもいいから楽しもう」という感じなのかと思いきや、ダンスに関してはけっこう気にするのが意外。これも日本のカラオケと似ている気がします。

特に男性は「踊れなきゃ！」という文化。

ラテンのダンスにはいろんな種類がありますが、中でも有名なのはサルサ。サルサは男女がペアになって踊るダンスで、リードするのは男性。素早いステップをしたり、腕を腰に回したりする、動きの多いダンスです。

サルサの動きは男性がすべて決めるので、女性は基本的にされるがまま。パーティーの場では絶対に踊るダンスなので、**男の子は小さいときからお母さんにサルサを教えられます。**なので、ほとんどの人が踊れます。むしろ、踊れない人はいないんじゃないかな。

私は全然踊れるようになりませんでしたが、エスコートしてもらえる側なので大丈夫。相手に委ね、促されるまま動いていると「こういう感じか」とわかります。

お腹が出っててもへそ出しOK!　メキシコ人は自分に自信がある

メキシコと日本では、〝見た目〞に対する考え方がまったく異なります。

日本ではふわっとした服を着て体型を隠す人も多いですが、メキシコの場合は身体のラインを出すほうが良しとされます。

美人より、胸とお尻が大きい人が魅力的。女性だけでなく男性も、お尻が大きい人がモテる傾向にあります。

日本だと太っていることをマイナスに見られがちですが、メキシコではそういう感覚もありません。すんごいお腹の出ている人がへそ出しファッションをして歩いていることもよくあります。

また、年齢を重ねてファッションが地味になるようなこともありません。

たとえば、ショッキングピンクの服を着た派手なおばあちゃんがいても視線を集めることはありません。日本の場合、おじいちゃん・おばあちゃんになるとなぜかファッションが落ち着いていきますよね。

日本の年配の方が、みんなグレーや茶色など地味な色の服を着ているのを見て、メキシコとのギャップを感じました。

また、**メキシコでは自分の体型を自虐する人を見たことがありません。**

以前、メキシコ人の女友だちと服の話題になったことがあります。

私が何気なく「足が太くて短いから、あんまりミニスカートは履きたくないんだよね」と言うと、友人から「全然そんなことない！」と必死でフォローされてしまいました。

日本だと、友人の前で自分の体型を自虐するなんてよくあることですよね。

でも**メキシコの場合は、自虐することが稀**。私が「足の太さに本気で悩んでいる」と、深刻な問題としてとらえられてしまったようです。

メキシコ人は、日本人に比べると自分に自信を持っている人が多いように思います。ＳＮＳに自撮りを載せるのは普通。自分が音楽に合わせて踊っている様子を、Ｉｎｓｔａｇｒａｍのストーリーに上げているのもよく見ます。

それから、これはグアテマラでの体験ですが「若いんだからセクシーさを強調したほうが良い！」と力説されたこともあります。

グアテマラの語学学校に通っていたときのこと。私を担当してくれていた先生は、いつも胸の谷間ががっつり見えるセクシーな服装をしていました。

彼女は私のファッションを見て、「なんで若いのに身体のラインを隠してるの!?」と指摘。さらに「下着はＴバックじゃなきゃダメよ！」と言い、私を道端で下着を売っている市場に連行。すごくセクシーな下着を選んでくれました。

日本だと、自分に自信がなく体型を隠している人のほうが多いと思います。国によっては、そういうマインドのほうが少数派。**ラテンアメリカの人たちは、自信を持って自分の好きな格好をしています。**

ラテン文化はファッションをもっと楽しむことを教えてくれた

失敗しても反省しない 嫌なことはパーティーして忘れよう

幼稚園で働いていたときによく思っていたのが、「**メキシコには反省する文化がない**」ということ。

日本人って、けっこう「一度犯した失敗は二度と繰り返さないぞ」という心意気があると思います。でもメキシコ人にはそれがなくて、何回でも同じ失敗をします。日本人が反省しすぎている可能性もありますけどね。

例をあげると、ＢＢＱ場の予約でスタッフに日時のミスをされ、予定が台なしになったことがありました。それを責任者に伝えると、「そのスタッフはもうクビにしたから大丈夫」とまさかの返答。でもこれメキシコあるあるで、車の修理でミスをされた時にも同じことを言われました。こんなだから何度も失敗を繰り返すんだ……と、妙に納得ですが。

日本だと、ミスが起きるとその原因を追求しますよね。個人の過失もありますが、それが100％ということはなく、システム自体がミスを引き起こしやすかったりと、プロセスや管理方法にも目を向けます。

メキシコでは、ロジックよりもインパクト重視。クレーム対応としても「クビにします」の方がインパクトがあって客を納得させやすいのかもしれません。日本のクレーム対応だと「原因を究明し、再発防止のための具体的な対策を検討します」が定型文。こうやって比較すると日本の謝罪は結構論理的で面白いですね。

実際、私のまわりにも「あまり深く考えない」タイプのメキシコ人が多いです。

聞いた話によると、何か負の出来事が起きると「それについて考えたくない」という思考になるのだとか。**「深く考えるとどんどん嫌な気持ちになってしまうので、別のことをしよう」みたいな価値観の人が多いようです。**

深く考えないからこそ、改善策まで辿り着かない。だから同じことを繰り返し、また「忘れよう」……。私には、その繰り返しをしているように見えます。

あとで話すことにも繋がりますが、メキシコ人は今を生きています。「反省」は「過去」を振り返ること。「改善」は「未来」のためにすること。なのでそこに大した価値を感じていないのかも。彼らにとって大事なのは「今」を楽しく生きること。そう考えると、反省する文化がないのも納得です。

反省する文化がないのに関連して、「嫌なことがあったら忘れる」文化もあります。

以前、ぶつけられて自家用車に傷がついたことがあります。

私は「お金かかる、はぁ……」とめちゃくちゃ落ち込んでいました。夫も「最悪だね！」と同調していたのに、そのそばからＩｎｓｔａｇｒａｍでリールを見て爆笑していたりします。

私は「**切り替え早っ！**」と驚きますが、夫的には「考えてもしようがない」という考え。考えることでその状況が変わるのであれば良いけど、解決しないのであれば考えても意味がない。ならば、別のことをして楽しむ時間に使ったほうが良い……。そういう考え方なのだと思います。

私自身、悩んでもしようがないことはなるべく考えないようにします。でも深く考えること自体は好き。考えることで納得できるタイプでもあります。私が怖いのは、納得できないまま終わってしまうこと。

なぜこうなったのか、原因は何だったのか……メキシコ人とは異なり、私はけっこう深く考えます。たとえば嫌なことを言われた場合、どんな意図であんなことを言ったんだろうとか、その人と自分の考え方がどう違うのかとか、納得できるまで考えます。そのほうがスッキリするんですよね。

メキシコ人の場合は、トラブルが多すぎて「考えてもしようがない」というモードになっているのだと思います。だからこそ、**考えすぎず「楽しいことをして元気を出そう！」というマインド**になっているのかな。

何か嫌なことが起きたら、まずは「考えて解決すること」なのか「考えても意味がないこと」なのかを判断すると良いかもしれません。

考えても意味がないなら、メキシコ人のように「楽しいことをして忘れよう！」精神を選択するのもオススメです。

反省しないどころか、失敗自体を恐れないメキシコ人

「**言いたいことがあったらちゃんと言う**」のがメキシコ人。

でも、意外と〃建前〃文化があります。ズバズバ言いたいことを言うのではなく、相手を傷つけない言い回しを選んだり、決定的なことは言わず相手に委ねたりする傾向があるように思います。

日本との違いは、建前はあるけど「察してほしい」はないこと。メキシコ人が建前を使う場合、「本音は伝わらなくても良い」と思っています。むしろ「本音は隠していよう」くらいの感じで、あえて建前を言っています。

でも日本の場合は、本音を察してほしい人が大多数。本音を隠して建前を言っているのに、「察して！」と思っている人が多いように思います。

それから、**メキシコ人は失敗を恐れません**。

失敗を恐れなさすぎて、イライラさせられることもよくあります。希望的観測で物事を語ることが多く、「できる！」と請け負っておきながら「できなかったじゃん！」ということが頻発。

日本の場合、１％でもできない可能性があると「できます」と断言しない人が多いと思います。失敗したときの責任を恐れて、予防線を張るからです。

メキシコ人は逆で、**１％でもできる可能性があると「できるよ」と言ってしまう**。最初はそれに慣れなくて、よく嫌な思いをしていました。メキシコ人は、最悪の場合を想定しないのです。

以前、額装屋さんに仕事を依頼したことがあります。

依頼時は「２週間くらいでできる」と言われたのですが、結局１ヶ月経っても完成しない。日本だったら、こんなトラブルになりそうな安請け合いはしないと思います。常に最悪のパターンを考え、完成までにかかる最長期間を伝えるのではないでしょうか。

重ね重ね言いますが、メキシコ人は何度でも同じ失敗をします。トラブルを繰り返す中でたまたま上手くいくと、「上手くいったね、やったー！」と、トラブル自体を忘れてしまう。トラブルが起きた＝問題があるはずなのに、そこには言及しない。

ラッキーが続くわけなんてないので、たまたま上手くいったとしても、次はまた失敗する……その繰り返し。

でも、**嫌なことに引っ張られず「やったー！」と切り替えるメキシコ人の価値観を身に付けると、今より幸せに生きられるかもしれません。**

以前、日本からメキシコに戻った際、空港でスーツケースが1時間以上出てこないというトラブルがありました。

私はもちろん、メキシコ人たちもみんなイライラしています。やっとスーツケースが出てきたとき、私は「もう二度と同じことが起きないよう、クレームを入れようかな」と思っていました。

でもメキシコ人たちは、さっきまでのイライラムードは忘れてしまったかのように、「Ｆｏｏｏｏｏｏｏｏｏｏｏｏ！！！！！」とお祭り騒ぎ。

メキシコ人にとっては、**１時間以上待たされたイライラより「スーツケースが出てきた！」という喜びのほうが大きい**のです。

それを目の当たりにした瞬間、私の中にあったネガティブな怒りが「もういいや」と消えていきました。「１時間も待ったんですよ!?」と空港の人に言いたいと思っていたけど、みんなが幸せそうすぎて、私ももういいや……。

ずっとイライラしているより、切り替えて素直に喜びを感じたほうが、精神的には健康に決まっています。

メキシコでは、トラブルが起きることは日常茶飯事。

物が壊れたり事故に遭ったりしても、「あ〜、またた」という感じ。トラブル慣れしているので忍耐強いし、日頃上手くいかないことが多い分、喜びに対する感度が日本人より高いのだと思います。

愛情表現が豊かなメキシコ人。でも人間関係は意外とフランク

メキシコ人には、愛情表現の豊かな人が多いです。

性別問わず、メキシコではハグをするのが当たり前。恋人関係ではない男女でもハグをするし、「大好き」と愛情を伝え合います。

最初はハグ文化になかなか慣れることができませんでしたが、今となってはけっこう好きな文化です。というのも、触れ合うことで心の距離も縮まるから。

夫のお母さんとも、何度もハグしているうちに心の距離が縮まり、今では友だちのように話せる関係になりました。**ハグがなかったら、いつまでもかしこまっていたと思います。**

恋愛観は、日本とは少し異なっています。

日本の場合は付き合う前に告白することが多いですが、メキシコの場合、告白するかどうかはおそらく半々くらい。

告白はせず気付いたら……ということも多いです。ただ、きちんと付き合わずダラダラ続くような〝曖昧な関係〟は、日本より少ないと思います。


また、メキシコ人の恋愛はけっこうあっさりしています。

これまでしつこく付きまとわれるような経験はしていません。Ｔｉｎｄｅｒで出会った人に連絡を返すのが面倒になってしまい、「次いつ会う？」と誘われた際「実は彼氏できたんだ」と嘘をついたことがあります。すると、すんなり「お幸せに！」と返信が。

あんなに連絡をくれていたのに、そのくらいの熱量だったの⁉と、逆に驚いてしまいました。


結婚に関しては、日本よりかなりフランク。

たとえば、同棲していて子どもがいるカップルでも、籍を入れていない人はたくさんいます。日本の場合は「なんで結婚しないの？」と言われてしまいそうですが、メキシコでは事実婚も少数派ではありません。

また、離婚率もけっこう高いです。ただ日本ほど離婚をタブー視する感覚はなく、かなりフランク。

友人と話していると「僕のお父さんの彼女がね……」みたいな話を普通にされます。日本だったら「え!?　お父さんの彼女とは!?」と驚いてしまうところですが、メキシコではよくあること。普通に話されるので、私もツッコむことなく受け入れるしかありません。

蛇足ですが、メキシコにはマッチングアプリが二つくらいしかありません。

日本だと「このアプリはチャラい人が多い」「これはマジメに婚活している人が多い」など多様化されていると思いますが、メキシコの場合はもっとシンプル。

〝不真面目〟な関係を望んでいる人はプロフィールにしっかり書いている人が多いし、メッセージですぐ「このアプリで何を探してるの？」と目的をストレートに聞いてきます。

日本の場合そこまで率直に目的を伝え合わないので、「私は本気で好きだったのに、あっちは身体目的だった……」みたいなミスマッチが起きがち。

メキシコの場合、そういうミスマッチが起きること自体が不誠実と考えられています。なので、最初から「自分は身体目的だ」「恋愛目的だ」などとハッキリ主張するのです。

出会いのタイミングでミスコミュニケーションが起きにくいのは、メキシコの良いところだと思います。

メキシコは、言ったことがすべて!「察して」はまったく通用しない

国際結婚なので、家族同士の〝文化の違い〟で問題が起きないのかと言われることがあります。

私の場合、今のところは大丈夫そうです。

義母のお兄さんもチェコ人と国際結婚をしているので、家族が国を越えた文化の違いに慣れているのもあると思います。メキシコは家族を大切にするので、家族の集まりも頻繁に行われます。でもその集まりにチェコ人の奥さんはあまり参加しません。毎週日曜は家族で集まるという文化があるのですが、奥さんは「私の文化じゃないから行かない」とはっきり断っていました。

それもあってか、夫の家族も「家族で頻繁に集まるのはメキシコの文化だ」と理解してくれているのです。

私自身も、お義父さん・お義母さんとよくお互いの文化の違いについて話しています。「日本とメキシコはこういうところが違う」と、ちゃんと伝えているので、良い意味で〝外国人〟として扱ってくれる。無理にメキシコ文化に合わせることを求められないので、ありがたいなと思います。

実際、私も気分によって家族のイベントに参加しないことはよくあります。家族で過ごすクリスマス会があったときも、**「夫婦でずっと一緒に行動しなくても良くない？」**と言い、私だけ家で過ごしました。

ただ、一度だけブチ切れてしまったことがあります。それは、結婚した直後のこと。

私たちが結婚したのは11月。

12月はイベント月間で、クリスマスはもちろん、「おじいちゃんのお姉さんのパーティー」など遠い親戚のイベントがたくさんありました。そのほかにも友人同士の集まりが家で行われるなど、参加せざるを得ないようなイベントが頻発。あまりにも続くので、私は精神的に病んでしまいました。

「はじめまして」の人と会うことが続き、さらに結婚直後だったこともあり「妻になりました」と挨拶しなければならならず、限界がきた私はブチ切れ。

「あんたの家族のイベントでしょ！　私を巻き込まないで！」
「日本ではそんな文化ないから！」
「メキシコ人は家族に依存しすぎ！」
……など、ボロクソに言ってしまいました。

家族の前にまず一人の人間として独立しているんだから、それを大事にしてほしい。

そうはっきりと伝えたことで夫も理解してくれて、「行きたくないときは行かなくて良いよ」と決着が付きました。

その話し合いがあったからこそ、現在は家族同士の付き合いに無理をせず過ごすことができているのだと思います。


はっきり伝えるのは、メキシコにおいてとても重要なこと。


「好き」「愛してる」と愛情をダイレクトに伝えるのはもちろん、「これは嫌だ」「あなたのここを直してほしい」などネガティブに聞こえるようなことも、率直に伝えます。

特に恋人同士や夫婦など深い関係であるほど、きちんと言葉で伝える傾向があります。

私自身も、夫から「ここを直して」と言われることが度々あります。そしてついつい態度で示してしまうと、夫からは「わからないから言葉で言って！」と言われます。

メキシコには「察する」文化がないし、私自身も察するのは苦手。

なので、態度で示すことはしないように気を付けているのですが、「これくらいわかるだろ」とついつい態度に出してしまうんですよね……。

それが、まったく通用しないのがメキシコ人。

また、長年日本で過ごしてきたこともあり、怒っている理由や「あなたのこういうところが嫌だ」と一言一句すべて伝えること自体に慣れていません。

気を付けていても自然と態度に出てしまい、「そんなふうにされてもわからないよ」とよく言われていました。**メキシコにいると、自分が結局〝日本人〟であることを思い知らされます。**

夫と過ごしていると、過去に付き合ってきた日本人男性たちとコミュニケーション方法が異なることを明確に感じます。

今までを振り返ると、結局「ちゃんと伝えていない」ことがトラブルのもとになっていたのかなと思います。

話し合いを避けて「察して」同士の戦いになっていたのが、上手くいかない理由だったのかもしれません。

「こういうところを直してほしい」とはっきり言えるようになってきた今思うのは、「このスタイルのほうが喧嘩は長引かない」ということ。

夫とのコミュニケーションにおいて同じ過ちを繰り返さなくなったし、私はこの「はっきり言う」文化が好きです。

最初は「こんなことまで言葉で言わないと伝わらないの⁉」と思ってしまうこともありました。でも、これも文化の違い。

日本人は揉めごとを避け、あえて〝はっきり言わない〟ことを選びがち。私はもともとはっきり言うタイプではありましたが、メキシコに来てからさらに、言葉に出して伝えるようになりました。

明日が来るかわからないから、メキシコ人は「今」しか考えない

メキシコ人には、あまり「恥ずかしい」という感覚がありません。

愛情の伝え方はダイレクトで、毎日「好き」「愛してる」と言い合うのが普通。それは恋人同士だけでなく、友だち同士でも同じです。対面で伝えるのはもちろん、メッセージでも「大好きだよ」と送り合います。

この過度な愛情表現について、メキシコ人の友人に「なんで?」と尋ねたことがあります。すると、返ってきたのは「✿**だって、いつ死ぬかわからないから**」という答え。

「今日が最後かもしれない」と思っているからこそ、恥ずかしがっている場合ではない。

愛は日々伝えないといけないんだ……と言うのです。

✿**だって、いつ死ぬかわからないから**
キリスト教圏では、「メメント モリ（人に訪れる死を忘ることなかれ）」という考えが根強くあります。

メキシコ人たちと接していて思うのは、「彼らは未来も過去もあまり考えていない」ということ。〝今〟しか考えていないので、貯金も全然しません。同様に、過去を振り返って後悔することもありません。**あるかわからない未来より、生きている〝今〟を大事にしよう。**そういう気概を感じます。

平和な日本で生きていると、明日が来るのは当たり前のように思ってしまいます。当たり前に未来があって、だからこそ未来のために貯金をしたり、現状を不安に思ったりする。でも実際は、いつ事故に遭うかわからないし、いつ死ぬかわかりません。

メキシコの場合は日本以上に交通事故や事件が多いのもあって、「いつ死ぬかわからない」という考え方こそが現実的。

メキシコにいると、日本とは「命の重み」に対する感覚も異なっているように思います。割と、死が身近なのです。

「お隣さんの知り合いが殺されたらしいよ」みたいな話も、けっこうよく聞きます。日本でそんなこと言われたら大騒ぎだけど、メキシコの場合、驚きはするけどそこまで〝稀《まれ》〟

なことではありません。

ちなみに、メキシコにも日本と同じく〝自殺〟する人はいます。

ただ、いじめや鬱を理由に自殺する人はいるけど、「仕事で病んで自殺する」人は少なく感じます。

というのも、メキシコ人は日本人ほど、仕事に対して人生をかけていないから。

メキシコ人は世界的に見ても平均労働時間が長いそうなのですが、これは貧富の差が影響しています。植民地時代の名残りで家柄によっての格差が大きく、富裕層が低所得層を使用人のように扱う文化が残っているので、虐げられる側の人は、生きるために少ない給料で長く働かなきゃいけない。「働きすぎ」と言われる日本人よりも長く働いているというデータがあります。長く働く理由は諸説あり、個人的に思うのは〝低賃金〟が関係しているのではということ。メキシコは貧困層の割合が多く、彼らは少ない給料で長く働かなければなりません。仕事を掛け持ちする人も多いので労働時間が長引くのだろうけど、それはあくまでも「お金のため」「家族のため」。

日本人みたいにやりがいのために働いたり、「仕事＝人生」みたいな価値観を持っていたりする人はあまり見たことがありません。日本では仕事が一番になっているので、パワハラされても言い返せない、耐えなきゃいけない……という考え方の人も多いと思います。メキシコの場合、あくまでも一番大切なのはプライベート。次の仕事さえ見つかれば簡単に辞める人が多いです。

日本は我慢が美徳とされていますが、メキシコ人にも我慢強い側面があります。たとえば電車やバスが全然来なくてもじっと待つし、停電や事故で物事が予定通り進まなくても文句言わずに受け入れます。でもそれは「文句を言っても変わらないから」。諦めのようなものです。

一方仕事は、自分次第でいくらでも変える事ができる。だから耐える必要がないんですね。「自分の人生を豊かにできるのは自分だけ」こういうメキシコマインドに辿り着くためには、「人生で何が大事か」を明確にするといいのかもしれません。

3.

メキシコ人は自分の非を認めない!? 喧嘩したら厄介

メキシコは、はっきり自分の意見を言う文化。「私に合っているな」と思う一方で、「嫌だな……」と思ってしまうこともあります。それは、誰かと口論になってしまったとき。

全員がそうではありませんが、私が出会ったメキシコ人には、口論になったとき相手に話す隙を与えず「自分は間違ってない！」と主張する人が一定数いました。たとえば、大家さんが「私が居留守した」と勘違いして怒ってしまったとき。何を言っても、大家さんは「NO！NO！NO！NO！」と私の言い分を聞いてくれません。犬の世話に関するトラブルだったので「カメラを見ればわかる」と言っても、見ることはなく私を否定するばかり。自分の信じたいことだけを信じ、「あんたが間違っている！」とめちゃくちゃな論理をぶつけられました。幼稚園をクビになったときも同様で、理解しがたい論理で意見を押し付けてきます。そのほかにも、赤信号に突っ込んで事故が起きているのに「やってない」と言っている人を見たこともあります。

自己肯定感が高まりすぎた結果なのか、一部のメキシコ人は「話し合い」ができません。盲目的に自分の主張を正当化するので、そういう人と口論になってしまったときは、ちょっと困ります。

第4章

カオスなメキシコで生きるコツ

メキシコでは、密なご近所づきあいが自分を守る

日本で生活していると、知らない人同士で挨拶をすることはほとんどないと思います。お店の人にわざわざ「こんにちは」と言わないし、「ありがとうございます」「お願いします」もはっきり言わないことが多いのではないでしょうか。

でもメキシコでは、**そういったちょっとしたコミュニケーションがとても大事。むしろ、知らない人だからといって挨拶をしないと「教養のない人」と思われてしまいます。**

たとえば、飲食店にて。メニューを頼んだあとに「por《ポル》 favor《ファヴォール》（お願いします）」と言わないと、失礼な人だと思われてしまいます。

フランクなコミュニケーションは、自分の身を守ることにも直結します。

というのも、メキシコでは**ご近所とのコミュニケーションが防犯対策に直結する**ことがあるから。


日本の場合、〝隣の部屋に誰が住んでいるか知らない〟なんて当たり前。これは都会に住んでいるほど顕著で、むしろ、同じマンションの人とあえてコミュニケーションを取らないようにしている人も多いのではないでしょうか。


一方メキシコは、一戸建て・集合住宅を問わずご近所づきあいを密に行っています。

たとえば、夫の実家。家のあるエリア自体あまり治安の良い場所ではないので、かなり厳重に防犯対策が行われています。住宅街に入るためのゲートがあり、さらに道ごとにもゲートを設置。日本では見ないレベルで対策されています。

それだけでなく、「住民以外が入って来た」「人が車を盗もうとしていた」などの情報交換も盛ん。ご近所づきあいがてら情報交換することで、自分たちの身を守っているのです。

また、私が住んでいるマンションには住民が参加できるチャットがあります。「変な人がマンションに入ろうとしていた」といった防犯目的の共有はもちろん、「ここのレストランがオススメ」のようなラフなやり取りも盛ん。ほかにも、メキシコの✿**乾季**は水不足になるので「水の節約をしよう」「断水します」など、重要な呼びかけもあります。

日本だと個人情報保護の観点もあり、マンション住民のチャット交流はなかなかないことだと思います。でもメキシコの場合は、日ごろのコミュニケーションこそが身を守る重要な手段。

国が変われば、身を守る方法も変わるのです。

安全のためには、自分がいる場所の治安を見極める力も重要です。

メキシコシティの治安は、エリアによりガラッと異なります。

✿ **乾季**

メキシコシティの乾季は、11 月〜 4 月。それ以外が雨季です。乾季はカラッとしていて過ごしやすいのですが、気温差が激しいのが難点。

メキシコにおいて、貧富の差と治安の良し悪しには、密接な関係があると感じています。たとえば、富裕層が多く住むエリアの場合。ボディーガードが24時間常駐しており、頻繁にパトロールが行われています。そのため、比較的安心して過ごせると言えるでしょう。

一方で、貧しい人が多く住む地域には、野良犬がたくさんいます。高級住宅街には野良犬がいないので、治安を見極めるポイントとして覚えておくと良いかもしれません。

また、**ちょっとした売店に鉄格子がついていると「危ないかも」と思います。**夜に鉄格子を下ろしているのは普通ですが、昼に下ろしている地域は相当ヤバイ。鉄格子自体がなければ、わりと安全な地域かなと思います。

ちょっとした工夫で、自分の身は守ることができます。メキシコに行く場合は、いる場所の雰囲気をしっかりと感じるようにしましょう。

自分の権利を主張するのは当たり前！
少しずつ変わっているメキシコの風景

日本の場合、デモに参加している人は少数派のため〝変わり者〟と見られがち。デモ＝怖いというイメージも残っているし、権利を大々的に主張することは一般的ではありません。

一方、メキシコにおいて自分の権利を主張するのは普通のこと。特に女性の権利を守るための活動をしている人が多く、私の身近にも、そういったグループで活動している人がいます。

もちろん、デモに参加する人もたくさんいます。特に、3月8日✿**「国際女性デー」**に行われるデモには、かなり多くの人が参加します。私が働いていた幼稚園は職員のほとん

✿国際女性デー
「国際女性デー」とは、女性の生き方を考える日。国連により1975年に定められました。

どが女性ということもあり、会議の議題で「**メキシコシティでデモがある日、休む人は手を挙げて**」と言われるレベル。

私自身はデモに参加したことはありませんが、メキシコに住んでから偏見がなくなったと思います。

日本にいた頃は、デモに参加している人に対し良い印象を持っていませんでした。駅前でスピーカーを持って大声で主張している怖い人……そんなイメージを持っていましたが、メキシコではデモに参加するのは普通のこと。

私の友人たちも、デモに参加するとその様子をＩｎｓｔａｇｒａｍのストーリーにあげています。多くの友人がＬＧＢＴＱのパレードに参加していますし、メキシコに来たことで、「権利を主張する」ことは必要だと思うようになりました。

権利を主張するデモがある、ということは、権利を守られていない人が多いということでもあります。特に多いのは、痴漢やレイプなど、性犯罪に対する主張。

女性たちが強く主張を続けた結果、メキシコの公共交通機関は、女性を守る仕様に変化

しています。

たとえば、どの時間帯でも電車には女性専用車両があります。日本だったら時間帯や路線が限られると思いますが、メキシコは全時間帯で女性専用車両に乗ることができます。それだけでなく、女性は並ぶ場所から男性と区別されています。また、最近はローカルバスでも女性専用席が設置されるようになりました。

女性たちが負けずに権利を主張し続けた結果、メキシコはどんどん変わってきているのです。

権利の主張に関連して、ＬＧＢＴＱに対する理解もどんどん進んできています。年代が上になるほど保守的な人も多く、「同性愛者だけど親に反対されている」という人もたくさんいます。

が、反対されていても「気にしない」人が多いように思います。誰かに反対されたからといって、自分を押し殺すことはありません。自然体でいることを重視しているので、街なかで女性同士・男性同士がキスしているのもよくある光景。

反対する人ももちろんいるけど、気にせず自分たちの存在を主張している人がたくさんいます。

✿ China

空港の入国審査官には「ニーハオ！」と言われたことがあります。でも、パスポートを見て私が日本人だとわかると「こんにちは！」とすぐ言い換えてくれました。彼らは本当に、そう思ったから言っているだけなのです。

派生して〝差別〟に関する話をすると、メキシコに来て「人種差別された」と思ったことはありません。

むしろメキシコ人は外国人に優しく、基本的にウェルカム。「どこから来たの？」「何人？」と、知らない人によく話しかけられます。

スペイン語を学び始めたばかりのころは、気長に話を聞いてくれるメキシコ人にだいぶ救われました。たどたどしいスペイン語で話していても、急かさずちゃんと話を聞いて理解してくれるのです。外国人を歓迎してくれている証拠です。

たまに、街なかで「✿**China**《チーナ》（中国人）」と声をかけられることがあります。これも何か含みをもってそう言っているのではなく、✿**ただ「中国人だと思ったから」**「China」と言っているだけ。

たまに「日本人なのに中国人と間違われた！」と怒る人がいますが、私的にはその考え方は中国人に対して失礼だと思います。世界には圧倒的に中国人のほうが多いし、中国人だと思うのも当たり前。そもそも、私もフランス人とイタリア人の見分けはつきません。

✿**ただ「中国人だと思ったから」**
以前、メキシコの若者たちに「China！」と言われたことがあります。でも、そう言われた直後、彼らは困っていた私を助け、フレンドリーに話してくれました。

マフィア、麻薬、殺し屋。身近にあるメキシコの裏社会

メキシコに住んでいると、「マフィア」とか「麻薬」といった物騒な言葉が身近になります。

私の感覚では、自分から裏社会に足を踏み入れなければ全然大丈夫。

そもそも、マフィアの人ってわかりやすく「マフィアです！」と主張しているわけではなく、どこにでもいます。前に住んでいたマンションにもいたし、今住んでいるマンションにもいる可能性はあります。どこにでもいるから、気を付けようがないのです。

気を付けることがあるとすれば、知らない人とトラブルにならないようにすること。**誰が裏社会の人か本当にわからないので、私も無用なトラブルを起こさないよう心がけてい**

ます。

以前、車のクラクションを鳴らしたら相手がマフィアで、銃を向けられた……みたいな話を聞いたことがあります。夫は運転中にイラつくことがあるとすぐにクラクションを鳴らすので、私はそのたびに「やめて！」と注意しています。

メキシコでは、うかつにクラクションも鳴らせません。

どんな人がマフィアになるのか、私はよく知りません。でも、よく聞くのは「もともと軍人だった」という人。あと、お金がすべてだと思っている人にとって、マフィアはすごく稼げる生き方。公務員として働くより、麻薬を売ったほうが儲かります。良い給料のためそっちに……と引き抜かれる人も多いと聞きます。

外国人の場合は、自分から裏社会に近づかなければ基本的には大丈夫。でもメキシコの田舎出身の人だと、自分が関わらないようにしていても〝気付いたら友人がマフィアになっていた〟ということがあり得ます。

そうなると、勘違いで自分が狙われたり、報復活動に利用されたりするリスクが増えてしまいます。**自分はまっすぐ生きていても、まわりがマフィアになったことでリスクにさらされる……**人によっては、そんな危険から逃げて州を変えて引っ越す人もいるそう。

メキシコ人の場合、生まれた場所の治安によって、自分がどうであれ裏社会に足を突っ込んでしまう可能性があるのです。

麻薬に関しては、田舎に行くと〝明らかにクスリをやっている目〟をしている人をけっこう見かけます。そういう人は目が充血して、視点が合わずフラフラしています。

ただ、マリファナは合法化しているので、メキシコではＮＧではありません。実際、私の友人にも使っている人はいます。「生理痛がひどいんだよね」と友人に言ったところ「マリファナ吸ったらラクになるよ」と勧められたこともあります。

実際、メキシコは警察の取り締まりが行き届いていないのか、違法なクスリを手に入れやすい環境と言われています。日本から幻覚が見えるキノコを求めてやってくる人も多いのだとか。日本人に限らず、規制が緩いメキシコにクスリ目的でやってくる外国人は多いそうです。

あと、メキシコでは「殺し屋」も普通にいるそうです。

日本の場合は、殺しなんてやったら高い確率で捕まるけど、メキシコの場合はマジメな捜査が行われていないのでは？と思うこともあります。殺したあと、ナンバープレートをとったバイクに乗ってヘルメットをかぶって逃げたら……まずどこに行ったかわからないような……。

すぐにまとまったお金が貰えるし、捕まるリスクもそこまで高くないとすると、殺しを請け負う人が一定数いるというのも理解できる話ではあります。

事件が頻発する夜のメキシコシティ

警察と法律が行き届いていないメキシコでは、民間人が犯罪者に直接罰をくだす!?

メキシコの警察は、日本の警察ほど信頼できる存在ではありません。犯罪を見逃す代わりに賄賂を要求してきたり、マフィアと繋がっている警察官がいたり……。はっきり言って、まともに機能しているとは思えません。

結果、メキシコ人は犯罪者に遭遇すると、自分たちで罰をくだしがち。

最近だと、とある村で子どもを殺した犯人が、村人たちにリンチの末殺された……という出来事がありました。

メキシコの場合、犯罪をしても捕まらず逃げ切られてしまうことが多いので、その前に「自分たちで罰をくだそう」という考え方があるのかもと、感じます。

私のＩｎｓｔａｇｒａｍのリールには、強盗がリンチを受けている動画がよく流れてきます。

バスにマスクをした人が乗ってきて「財布を出せ！」と言うけれど、屈強なお客さんを中心にみんなで強盗を捕まえる。そこで止まれば良いものの、流れでボッコボコにしてしまい、挙句の果てにはバスから強盗を投げ捨てる……そんな動画です。

日本だったら、強盗を捕まえるところまででお手柄だと思います。そこまでやって警察に突き出せば、法がきちんと裁いてくれるからです。

でもメキシコの場合、捕まえた強盗は逮捕されたとしても、すぐに出てきてしまうことがあります。

本来であれば信頼できるはずの警察や法律を、心から信頼できない。そんな現状に、国民がうんざりしているのでしょう。

だから、自分たちで罰をくだすのです。

日本の場合、犯罪者に対し、一般人が殴ったり蹴ったりすることはありません。犯罪者を裁くのは法律だし、むしろ犯罪者に対する暴力自体が場合によっては犯罪になる可能性もあります。

メキシコのような世界においては、悪いことをしても逃げ切れてしまう。

私も当たり前のように、犯罪者は法が裁くものだ！と思っていました。しかし、胸糞悪い事件の犯人がまだ捕まっていな、ということを何度も聞くうちに、そんな綺麗事言ってられないのかな……自分の中の常識が揺らいでいくのを感じます。

これはあくまで私個人の見解ですが、メキシコ人が自分たちで罰をくだすのには、「見せしめ」という側面もあるかもしれません。

強盗をバスから投げ捨てるような動画がＳＮＳで拡散されることで、実際に強盗をしようとしていた人の気が失せることもあるかもしれない。つまり、あのリンチがほかの犯罪の抑止力になっているのかも……。事実はわかりませんが、いろいろと考えさせられてしまいます。

日本は、悪いことをしたら警察がちゃんと捕まえてくれます。そのうえ、法律がきちんと裁いてくれます。

警察と法律が機能している。

これだけで、日本は恵まれているのだと思うようになりました。

メキシコの強盗が多発すると言われているバス

被害に遭わないよう自分を守ることも大切。殺されないために個人情報は出しすぎない

メキシコに住んでいると、スリや強盗といった犯罪に遭うかどうかは完全に運。
でも、被害に遭わないよう自分なりに気を付けていることはあります。

たとえば……

- **メキシコのなかでも観光地じゃない場所に行くときは、必ず地元の人と一緒に行動する。**
- **公共交通機関を使う際は服装に気を付け、ブランド物は持たないようにする。**

・初対面の人は素性《すじょう》がわからないので、気に入らないことがあっても言い合いにならないようにする。

……結果、今のところ危ない経験はしていません。

でも、YouTubeで発信をしていることで「いつか殺されるんじゃないか」と怖くなることもあります。

私にも、メキシコ人と争った経験があります。それは、幼稚園を辞めたとき。クビを一方的に宣告されたときに争えたのは、相手の素性をある程度わかっていたから。

でも、自分では発信内容に気を付けているつもりでも、実は恨みを買っていて、YouTubeの発信がきっかけで居場所が割れて報復されるのでは……。

命の危険と隣り合わせなメキシコだからこそ、そんなふうに不安に思うこともあります。

なので、いろんな可能性を考慮し、絶対に居場所がバレないように気を付けています。
夫が顔出しをしないのも、そのため。
顔を出すことで家族の居場所を突き止められ、人質にとられて脅される。メキシコでは、
そんなこともなきにしも非ず。

そんなことはきっとない。
とは思いつつ、「絶対にない」とは言い切れないのがメキシコ。
個人情報は出しすぎないよう、心がけています。

メキシコ郊外のローカルな市場。こういうところへは地元の人と行くのが良い。

4.

ルス・グアダルーペの由来

なんで「ルス・グアダルーペ」と名乗っているの？ よく聞かれる質問です。

「ルス・グアダルーペ」は、私がメキシコで使っている偽名。レストラン予約やスタバで名前を聞かれる際に、日本語名を聞き取ってもらえなかったのがきっかけで付けた名前です。私の本名は「ひかり（Hikari）」。スペイン語では「H」を発音しないため「いかり（Ikari）」になってしまうし、そもそも聞き取ってもらえないことが多かったのです。

ルスをスペイン語で書くと「Luz」。「ひかり」という意味です。また、「Guadalupe（グアダルーペ）」もメキシコで実際にある名字。「ルス・グアダルーペ」の名前との語呂が良かったので、この名字を選びました。

「Luz」はメキシコでも使われている名前なので、「Luz Guadalupe」さんも存在します。実際、スペイン語でTikTokをやっていたときにコメントで「El nombre de mi hija es Luz Guadalupe.（私の娘の名前はルス・グアダルーペです）」とコメントが来たことがあります。

第5章

人生は冒険だ

私って、「雇われる」のに向いてない。メキシコで働き方を変える

２０２１年10月に幼稚園の仕事をクビになり、私は自分が「**雇われるのに向いてない**」ことに気付きました。

もともと、自分は「日本に向いてない」のだと思っていました。

乳児院や母子生活支援施設で働き、人間関係の壁に衝突。〝暗黙の了解〟〝空気を読む〟といった日本独特の風潮を受け入れることができなかったことで、救いを求めてメキシコに……。

でも、メキシコでも壁にぶつかりました。ここで直面したのは、「雇われる側は立場が弱い」という問題。結局、雇う側は、雇った相手には自分の思った通りに動いてほしい。

言い方は悪いですが、**人を雇う＝文句を言わず条件良く働いてくれる人がほしい**、ということなんだと思います。

それに気付き、私はひとりで働ける方法を考えようと思うようになりました。そうすれば人間関係からも解放されるし、弱い立場で雇われることからも解放されるからです。

２０１９年春に乳児院を辞めてメキシコの幼稚園で働きはじめ、２０２０年春にコロナ禍で日本に戻り、２０２１年春にまたメキシコに行くも、半年でクビ。そして、メキシコにいるままで働き方を変えることに決めた。

……わずか2年ほどの間に、いろんなことが起きています。私はもともと、計画を立てず衝動的に動く人間。傍《はた》から見ていると「行動力がある」と思われることが多いのですが、私は将来のことをあまり考えず、そのときの気分で物事を決めながら生きているだけ。それを客観的に見たとき、行動力があるように見えるのだと思います。

私は気分や考えが変わりやすいと自覚しているので、「**先々のことを考えてもしようがない**」とも思っています。

たとえば、卒業旅行でヨーロッパに行ったときのこと。

スペインとイタリアを回る予定で、もともとは初日から最終日までガッツリ行程を決めていました。でも、途中で私は〝中世の街並み〟に飽きてしまったのです。次に行く場所も、あまり街並みに変化はなさそう。「もう感動できなそうだな」と思い、私は急遽自然のある場所に行き先を変更。スペインとイタリアだけを回るはずが、予定を変えてオーストリアに行くことに決めました。いきなり行き先を変えたこともあり、お金もないしＷｉ－Ｆｉも使えない。大変な思いもしましたが、この予定変更にまったく後悔はありません。自然を求めてオーストリアに行って良かったな、と思っています。

このとき、私は「たった１～２週間先のことだとしても、予定を決めるのは難しいな」と思ったのです。

事前に「〇〇に行こう」と計画していたとしても、現地で何を経験するか・何を思うかは予測できません。計画時点と実際に旅行をしたタイミングでは、自分はまったく違うことを考えている可能性があります。

旅をしながら気持ちが変わることもあるんだなと思ったので、この経験以降は旅行に行くにしても計画は立てすぎないようにしています。

人生も、それと同じ。

計画を立ててもそれ通りにいかないのであれば、立てる意味はない。そう思うのです。

オーストリアの自然。一人で訪れたので、自分の写真が残っていませんでした。

せっかく無職になったし、今までできなかったことをやろう。ふわっち・YouTube・TikTokをスタート

幼稚園をクビになって「雇われるのに向いてない」と気付き、私は雇われない働き方について考えるようになりました。

ですが、実はクビになった直後は「もう日本に帰ろうかな」と思っていました。仕事はなくなってしまったし、何か明確にやりたいことがあるわけでもないし……。でも、メキシコに戻ってきてまだ半年。日本で働くことに対して良い思い出がなく、さらにビザも残っていたので、私はメキシコで働く道を探すことにしました。

メキシコに残るにあたり、求人を出している日系企業に応募する選択肢もありました。が、どこかに雇われて働く以上、妥協しなければならない場面には必ず直面するはず。自分は矛盾があると許せない性格だし、それらを妥協して受け入れることもできない。それは私には難しそうだ。このままどこかで働いても、また同じようなことになってしまうだろうな……と思ったのです。

こういった思考を経て、漠然と**「自分で何かしたいな」**と思うようになりました。

まず試してみたのは、**ライブ配信アプリ『ふわっち』**。

お小遣い稼ぎができたら良いなと思い、クビになってすぐに使い始めました。よくやっていたのは、街歩きをしながらの配信。視聴者のコメントと会話しながら、メキシコシティを歩き回っていました。

話し相手ほしさに毎日配信していたところ、少しずつ視聴者がつくように。『ふわっち』で配信をしつつ、私はＹｏｕＴｕｂｅをやってみようかなと考えるようになりました。

メキシコに住んでいる日本人はレアだし、メキシコの景色や文化を日本語で発信しているチャンネルもあんまりない。

それもあって「やってみたい」と前から思っていたのですが、幼稚園で働いていた頃は副業NGだったこともあり、チャレンジができませんでした。

また、日本人会で知り合ったラッパー・メックさんに「やってみたら良いじゃん！」と背中を押してもらったのもきっかけになりました。

せっかく無職になったし、会社員時代にはできなかったことをやろう！

こうして、私はYouTubeをスタートすることを決意しました。


当時、『ふわっち』を配信しているときによくあったのが**「そんな危ないところに住んでるなんてヤバイ」「マフィアの拷問とか大丈夫？」**……といった、メキシコの治安を危険視するコメント。

スリや強盗、詐欺が日本より多いのは知っていたけど、当時の私はマフィア関係に興味がなく、全然知識がありませんでした。そのため、メキシコにそんな一面があることをライブ配信のコメントで初めて知ることになるのです。

最初は観光情報をメインに動画をつくろうと考えていましたが、日本人がイメージするメキシコって、そういう感じなんだ……と思ったこともあり、治安についても触れていこ

✿メック
海外移住系ラッパー

うと考えました。

そして、２０２１年10月13日。

私が初めてアップしたのが、『【Ｖｌｏｇ】メキシコで仕事クビになったので道端に落ちてる首拾ってみた』という動画です。

これは、メキシコシティの南部を歩きながら撮影したＶｌｏｇ。

「メキシコって道端に首とか死体が落ちてるんでしょ？」と言われたことがあり、実際、この半年前にミチョアカン州で頭部を切断された死体が落ちていた事件があったので、そこに触れつつ首探しをするという動画です。

私がこの動画で伝えたかったのは、「メキシコはみんなが思っているより危険じゃないよ」ということ。ただ伝えても見てもらえないと思ったので、タイトルは『ふわっち』の視聴者さんに提案してもらった「首拾ってみた」をそのまま採用。

また、オシャレＶｌｏｇにしたかったのでポップな音楽をつけて、字幕もピンクで可愛くしました。

有名配信者がきっかけで、登録者数が爆増。再生数150万回を超える

　最初は日本人向けにＹｏｕＴｕｂｅ発信をしていたのですが、思うように登録者数が伸びません。当初は『ふわっち』から来てくれた１００名ほどの登録者数しかいませんでした。

　この時期、私は友人が経営しているお好み焼き屋さんの手伝いをしていました。

　そこでバイトをしていたベネズエラ人の若い男の子と仲良くなり「ＹｏｕＴｕｂｅの登録者数が伸びない」と相談したところ、勧められたのがＴｉｋＴｏｋ。

「超流行ってるよ！　やるべき！」と言われたのを機に、スペイン語でＴｉｋＴｏｋを始めました。

　ＴｉｋＴｏｋでやったのは、グルメレビュー。メキシコシティにあるラーメン屋に行き、スペイン語で「これは本場の味だ」「これは違う」……とレビューする動画です。これがバズッたことで、少しずつＹｏｕＴｕｂｅの登録者数も増加。

地元の友人の勧めで動画にスペイン語の字幕を付けるようになったこともあり、これで日本人・メキシコ人どちらにも発信できるようになりました。

当時はメキシコ人の視聴者のほうが多かったのですが、今は日本人向けにシフトしたこともあり、視聴者の99％が日本人。今でも、たまに「スペイン語の字幕を付けて」とリクエストをもらうことがあります。

海外に住みながら現地の人向けにライブ配信やＹｏｕＴｕｂｅで生計を立てることは、本気で頑張れば実現可能だと思います。

ただ、メキシコ人向けにやる場合、「ＹｏｕＴｕｂｅｒになって稼ぐ」のは現時点では難しそうです。というのも、✿**メキシコは再生数あたりの単価が日本に比べ１／10程度**だから。つまり、ＹｏｕＴｕｂｅだけで食って行こうと思ったら、数百万人の登録者数がいないといけないのです。

✿メキシコは再生数あたりの単価が日本に比べ1/10程度

配信者がどこに住んでいるかは関係ありません。視聴者がどこの国に住んでいてどこの国で再生されるかによって、広告収益が異なります（自身のYouTubeアナリティクス調べ）。

メキシコでＹｏｕＴｕｂｅｒが子どもの「将来の夢」になるのは、まだまだ先のことになりそうです。
ＹｏｕＴｕｂｅで最初に公開した動画『【Ｖｌｏｇ】メキシコで仕事クビになったので道端に落ちてる首拾ってみた』は、現時点で１５０万再生以上されています（２０２４年10月現在）。

投稿した初期から順調に再生されたわけではありません。
初動は数百再生で、今年の5月頃までは３〜４０００再生くらいです。

急に再生回数が伸び始めたのは、有名配信者の加藤純一さんがきっかけだと思います。ＹｏｕＴｕｂｅをしばらく更新していなかったにも関わらず、突然コメントが増えたのです。最初は特に気にしていませんでしたが、何人かから「配信で取り上げられていたよ」というコメントや、「加藤純一から来ました」というコメントがありました。彼については名前を聞いたことがあるくらいだったので、まだよく状況がつかめず「何が起きてるの？」という感じでした。

後から視聴者さんに教えてもらいわかったのは、加藤純一さんが配信中に私の「中南米治安攻略法」の動画を流してくださったということ。どうやらメキシコにいく予定があることを話している流れで治安の話になり、彼の視聴者さんが私の動画を見るように勧めてくれたようです。

この配信の切り抜き動画を見たと何人もの友人から連絡を貰い、その影響力にびっくりしました。それからXでも取り上げてもらい、数ヶ月で急に再生回数や登録者が増えました。

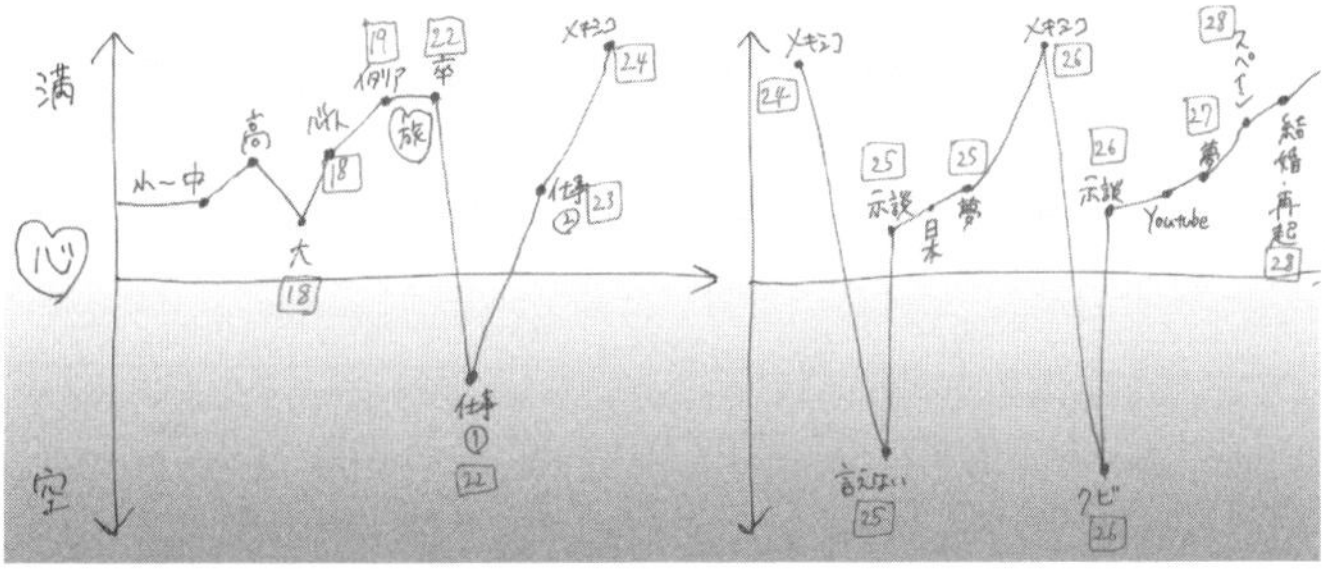

YouTubu動画『緊急で自己紹介します』で公開した人生グラフ

宇宙人と言われた私も、メキシコではまともな部類

中学生ぐらいから、私は友人に「**宇宙人みたい**」と言われていました。

私は物事を深く思考するタイプ。「世界はどうやってできたんだろう」みたいなことをよく考えていました。考えるだけではなく、それについて話したいし、ちゃんと知りたい。でもまわりは、「そんなこと考えてもしようがないじゃん」「ずっと変なこと考えてるのウケる」……みたいな感じ。

このギャップから、「宇宙人みたい」と言われていたのです。

宇宙人。つまり、「変わり者」として見られていたということ。

旅行中に一人で別行動をすることに関しても、友人からは「ヤバイ」と言われていました。そもそも、衝動的にメキシコに行く時点でかなりヤバイと。

私はもともとこだわりがなく、まわりからどう見られるかも気にしません。日本ではパジャマみたいな恰好で仕事に行っていたので先輩が不憫に思ったのか、たくさん服のお下がりを貰い、それを着ていました。飲み会も「私は行きません」と宣言していました。こういうスタンスも、日本では変わり者認定されます。

でもメキシコに来て、私の見られ方はガラッと変わりました。

メキシコは主張してナンボの世界だし、まわりを気にせず自分の世界を守るのは普通のこと。日本にいた頃のように、変わり者扱いされることはなくなりました。置かれる環境が変わると、自分の見られ方も変わるんだ。メキシコに来て、私はそう思うようになりました。

もう一つ、メキシコに住んで思うようになったことがあります。それは、**「人として求められるレベルが日本とメキシコでは全然違う」**こと。

日本社会はミスに厳しく、時間を守るのが当たり前。なので、同じミスを繰り返す人や時間を守れない人は〝できない人〟だと見られがち。

最近、日本では「✿ADHD」という言葉が一般的になったと思います。

遅刻癖やミスを繰り返すなど傾向がある人は、診断されたわけでなくとも「あの人はADHDだ」と判断されることが増えました。また、自分で「私はADHDだと思う」と自己判断している人も多いと思います。

個人的に、**ADHDのような発達障害は「日常生活に支障をきたすか」が判断基準**になると思っています。誰しも、どこかしらにADHDっぽさを持っています。それが日常生活に支障があるレベルになると、「ADHD」と診断がつく。

そう考えたとき、日本とメキシコでは「どのレベルが日常生活に支障をきたすか」の基準が全然違います。

メキシコでは、ミスはよくあるし、同じミスを繰り返してもそこまで咎められません。待ち合わせにはみんな遅刻してきます。〆切も守りません。バックれるのもよくあること。特に日本での「遅刻」への厳しさをメキシコ人に伝えると、「まるで遅刻は犯罪のような

✿ ADHD
ADHD（注意欠如・多動症）。発達障害の一種。不注意や多動性、衝動性といった症状があります。

扱いだね」と驚かれます。

そもそもメキシコでは、日本ほどADHDという言葉が浸透していません。日本で〝できない〟人扱いされていても、日本が厳しめだからそう評価されるだけで、文化が違うメキシコだと〝できる〟人になるかもしれません。

メキシコにいると、日本であんなに「変わり者」と言われていたのに、私は「まとも」と認定されるのです。

ただ、私が「メキシコに来た」ことに対しては「変わってるね」と言われたことがあります。メキシコには家族を大事にする文化があるので、家族を置いて遠いメキシコにやってきたことが「変わっている」と言うのです。

それから、先進国である日本からメキシコにやってきたことも驚かれます。

というのも、メキシコ人は自分の国を「**テルセルムンド（第3の世界／発展途上国）**」だと卑下《ひげ》しているようです。発展した安全な日本から、インフラも整っておらず危険なメキシコにやってくる……そこに対して「普通じゃない」と言われることはあります。

国が変われば、見られ方が変わる。これって、面白いなと思います。

日本基準のサービスは、メキシコでは神対応

ＳＮＳでの発信を続けているうちに、ＴｉｋＴｏｋは20万人以上、Ｉｎｓｔａｇｒａｍも5万人以上の方にフォローされていました。

フォローしているのは、ほとんどがメキシコ人。私は、これを利用し「メキシコで何かビジネスをはじめよう」と思いました。

まずチャレンジしたのは、**日本から輸入した服の販売**。

ただ、イベントに出展するとかなり売れるのですが、オンラインでの販売は難しいことがわかりました。

メキシコ人女性は日本人女性にくらべ、お尻と胸が大きい傾向があります。また、日本人は世界的に見ると細いため、オンラインだとサイズ感がわからないのです。

イベント販売も良いのですが、いずれはすべてオンラインで完結できるようにしたい。そう思っていたので、販売するものを服からアクセサリーにシフトチェンジすることにしました。

アクセサリーはサイズ感がハードルになることがなく、オンラインでもよく売れていました。ただ、普通のアクセサリーを売ってもなぁ……。そう思い〝日本〟らしさのあるアクセサリーを探すことに。

そのときにメルカリで見つけたのが、**〝海で拾った陶器のかけらに金継ぎをして作ったアクセサリー〟**でした。

金継ぎとは、主に漆《うるし》と金粉を使って壊れた陶器を修復する、日本の伝統技術のこと。すぐにアーティストさんと連絡を取り、先方の「自分だけで売るのではなく、卸して販売したい」という需要と合致し、メキシコでオンライン販売させてもらうことが決まりました。

そして誕生したのが、「**monogatari japan**《モノガタリジャパン》」。

これは、金継ぎにより生まれ変わったアクセサリーを販売するブランド。

ただ金継ぎアクセサリーを販売するのではなく、付加価値として「金継ぎとは何か」、そして「**日本のどこで拾われた陶器なのか**」をきちんと説明する資料を作り、一緒に販売しています。


金継ぎは、日本人にとっては昔から続いてきた技術のひとつ。でも海外の人から見ると、「壊れたものを金でさらに美しくする」ことに魅力を感じるそうです。

メキシコ人には、適当に見えて「意味」を求めるところがあります。

金継ぎの哲学、そしてどこで拾われたのかを伝えるストーリー。それらがメキシコ人に受け入れられたこともあり、「ｍｏｎｏｇａｔａｒｉ ｊａｐａｎ」は少しずつ成長していきました。


メキシコ人相手に商売をして気付いたのが、「日本基準で商売をすると神対応になる」

monogatarijapan
https://monogatari-japan.jp/

こと。

以前、配送手配をしたアクセサリーが、お客さんの元に全然届かなかったことがあります。物流の繁忙期だったようで、本来であれば２〜３日で届くはずのものが、１ヶ月経っても届かない状況。

当然、お客さんから「届かない」と連絡が来ます。配送会社に問い合わせたところ、「荷物が多すぎて運べない！」と回答が。お客さんにもそれを伝えたところ、「問い合わせまでしてくれてありがとう！」とすごく感謝をしてくれたのです。

１ヶ月も届かないなんて、日本だったら返金を求められるなど、何かしらのクレームに繋がっていたと思います。

日本の場合、お客さんは〝サービスの質〟を重視します。

でも**メキシコは、そもそもサービスにクオリティを求めません。**そのため、日本基準の対応をするだけで感謝をされるのです。

✿ 日本のどこで拾われた陶器なのか

たとえば、淡路島で拾われた陶器の場合。淡路島の歴史や神話の紹介と現地の写真をセットにした資料を作りました。この情報を２次元コードで見られるようにし、アクセサリーの台紙裏に付けています。

これまでオンライン販売を続けてきて思うのが、日本のようなクレーマーはほとんどいないということ。送ったアクセサリーのパーツが取れるなど、細かなトラブルはどうしても起きてしまいます。そういうときも、すぐに返金をしたりクーポンを送ったりするだけで、感謝されるのです。

メキシコの場合は、「**買ったんなら壊れてもあなたの責任！**」という感じ。補償もつかないのが当たり前なので、日本基準で対応すると「すごく良いお店だ」と評価してもらえるのです。

「monogatarijapan」をイベントに出展したとき

5.

泣き寝入りはしない！
詐欺騒動を自力で解決

私は、メキシコで「詐欺」被害に遭ったことがあります。ただ、どんな詐欺だったのかなどの詳細は「公にしない」と加害者側と示談契約を結んでいるため、細かいことはお話しできません。でもかなり私らしいエピソードだと思うので、かいつまんでお話しします。

詐欺に遭ったのは、メキシコに移住して1年程経った頃。内容は伏せますが「騙されている」ことに気付き、相手の会社に乗り込み自力で解決に持ち込みました。

騙されたことに気付いたとき、どうしたら恨んだり自分が病んだりせず解決できるかを考えました。そして出た結論は、「お金」。最初は裁判に持ち込もうと思ったのですが、「日本人がメキシコで裁判する」なんてかなりハードルが高そう。調べたところ自分で示談ができるとわかったので、その日のうちにカフェで示談書を書き上げました。その足で相手の会社に行き、「ここで解決するか訴えられるかどっちが良い？」と迫り、罪を認めてもらうことに成功。結果的に、示談金をもらって解決しました。

ピンチに陥ると、私は感情が消えて冷静になり「どうやって元を取ろうか」という考えになります。この先も、絶対に泣き寝入りはしません。

第6章

社会不適合者の人生サバイブ術

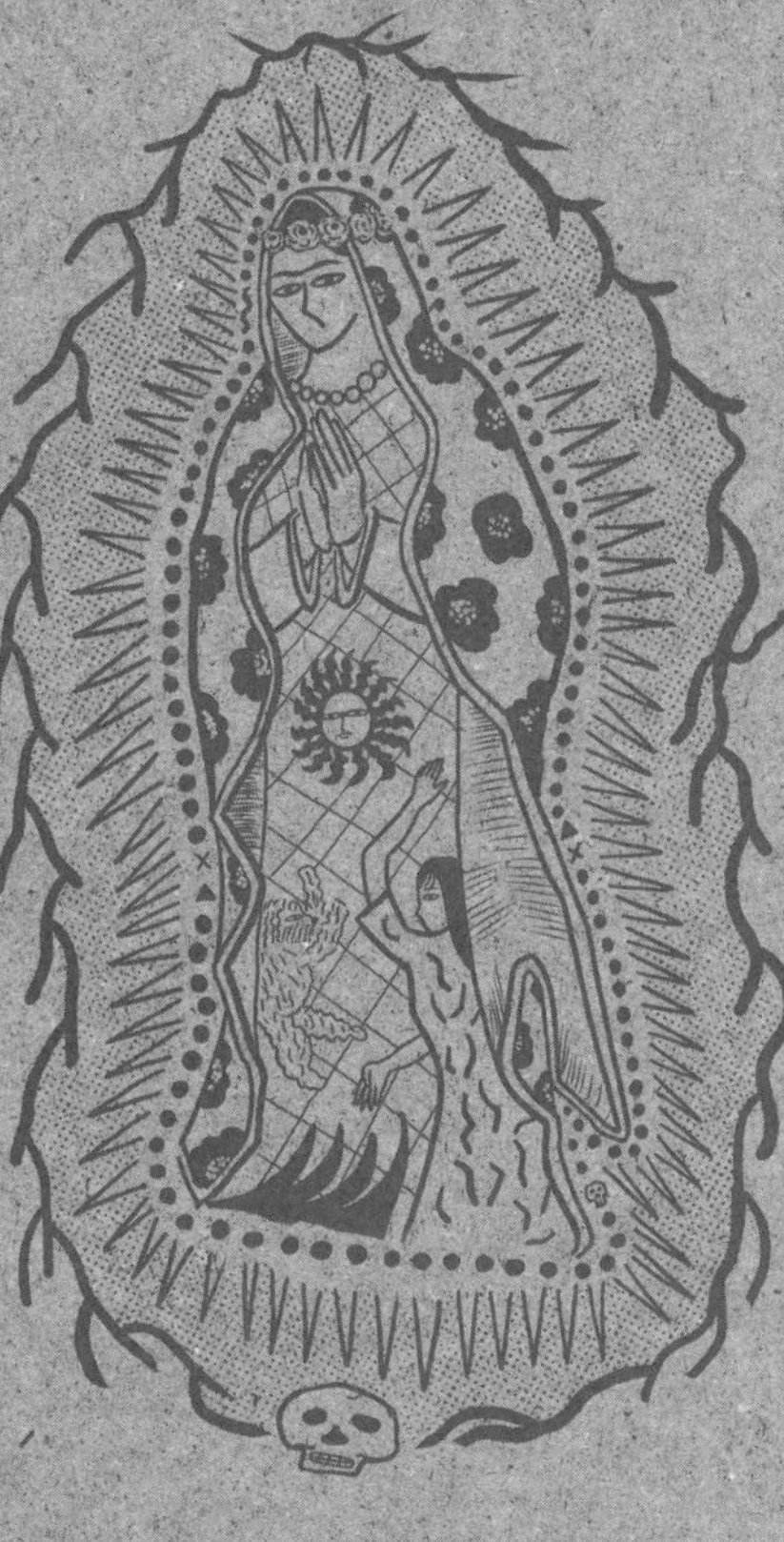

夫との出会いは、初対面の人の結婚式!? メキシコのフランクな人間関係

28歳のときに、私はメキシコ人の男性と結婚しました。

夫と出会った場所は、初めて会った人の結婚式。2021年11月のことでした。

夫と知り合う前、私は「良い出会いがあったら良いな」とたまにTinderを使っていました。暇つぶしも兼ねていろんな人と会っていたのですが、なかなか良い出会いはありません。

夫と出会ったのは、Tinderをきっかけに三回ほど会った男性の、いとこの結婚式。

この距離感の相手から「いとこの結婚式に来ない？」と誘われるなんて、日本ではあり得ないですよね。

日本ではなかなか起きないと思いますが、メキシコ人の場合「初めて会ったその日に、友だちとの飲み会に誘われる」みたいなことがよくあります。それだけでなく、初対面なのに親戚の集まりに呼ばれたり、おばあちゃんの誕生日会に誘われたり……。

✿**女子会**に、友人のお母さんが付いてきたこともありました。

また、メキシコでは、友人との集まりにパートナーを連れて行くのも割と普通のこと。**むしろ連れて行かないと「何か不都合なことがあるのでは？」と浮気を疑われてしまう**こともあります。

誘われて結婚式に行ったのは良いものの、私を誘った彼はどこかに行ってしまい、一人きりに。知らない人ばかりだし、私は放置されアウェイ状態で過ごしていました。

一人でいたところ、会場を回っていた新郎が紹介してくれたのが、今の夫。

「日本語しゃべれる友だちがいるんだよ」と紹介され、日本語で「こんにちは」と言われ

✿ **女子会**
集まりにいろんな人がやってくるのは良いけど、たまには女友だちだけで話したいこともあります。

たのが最初の会話です。

夫はアニメ好きだったことで日本文化に興味を持ち、大学時代に専攻とは別で言語センターに行き日本語を勉強。その後独学で日本語を学び、私と出会ったときには既にペラペラでした。

夫は日本が大好きで、その時点で7回ほど日本旅行の経験あり。

自分の誕生日にどうしても日本で過ごしたくなり、24時間だけ日本に滞在してメキシコに戻ったこともあるほど、日本を愛している人でした。

夫は新郎から「日本人が来る」ともともと聞いていたこともあり、私に会うことをすごく楽しみにしていたのだとか。

新郎が紹介してくれてからは、日本語でいろんな話をしました。

私のファーストインプレッションは、「すごく優しそうな人」。

それから印象に残っているのが、「仕事がめちゃくちゃ楽しい！」と言っていたこと。

夫はＩＴ系企業で働いており、そこでの仕事に満足し、前向きに働いていました。**仕事を「楽しい」と言う人にあまり出会わなかったこともあり、、びっくり。**そして素直に「素敵だな」と思いました。

ただ、私は当初、彼をまったく恋愛対象としては見ていませんでした。

ちょうど幼稚園をクビになったばっかりだったし、無職で貯金を切り崩して生きているのに、恋愛なんてしている場合じゃない。

後から聞くと夫は「ひとめぼれだった」そうですが、私がその気にならず、しばらくは友だち付き合いをしていました。

夫と出会った結婚式

試し行為を経て、恋人関係に。そして同棲、結婚へ

夫からの好意は感じながらも、しばらくは曖昧な関係を続けていました。

告白され「人としては好きだけど、今はそういう感じじゃない」と断ったこともあります。それでも、✿**夫は諦めずアプローチ**をしてくれていました。

自分の仕事が安定していなかったこともあり、私は夫にアプローチされても引き延ばし、引き延ばし……。今思えば、自分のことを好きでいてくれることに安心し、ないがしろにしていた部分もあると思います。

友だち以上恋人未満みたいな時期が長く続き、最終的に「もう付き合ってるようなものだよね」と夫に押し切られるような感じで、恋人関係になりました。

✿ **夫は諦めずアプローチ**

メキシコのバレンタインは、男性から女性にプレゼントを渡すのが一般的。夫はバレンタインに私を誘ってくれて、食事をしたあとに告白されました。が、最初の告白から1～2ヶ月しか経っていなかったこと、そして新しい仕事を始めようとしていた時期だったので、断りました。

なんだかんだ気付いたら付き合っていた……みたいな感じなので、明確な記念日はありません。

私には、**付き合った相手を〝試す〟クセ**があります。

当時私は、「次に付き合う人とは結婚したい」と思っていました。そのためか今思えば、夫がどこまで私の欠点を受け入れてくれるか、付き合う前に試していたのです。

たとえば、私は✿**酒癖が悪い**です。

酔っぱらって夫に連絡して迎えに来てもらい、どんな反応をするかチェックしたり、酔っぱらって約束をすっぽかしたり……。いろんなひどいことをしました。

でも、夫はどれだけ振り回してもしがみついて来てくれる人。自分の人生では出会ったことのない男性だったこともあり、心から信頼することができました。

夫にした一番ひどい試し行為は、同棲について相談していたときのことです。

✿酒癖が悪い

昔付き合っていた彼氏とは、私の酒癖がきっかけで正月に別れたことがあります。まず私が「一緒に年越ししたい」とワガママを言い、帰省先から彼氏を福岡に呼び戻しました。私は「24時までには帰る」と高校の友人たちと飲みに行ったのですが、楽しすぎて帰宅したのは５時。べろんべろんで帰ったらブチ切れられ、別れました。

夫は「引っ越し資金がけっこう必要になるから、ちょっと待って」と言います。でも私は、「早く同棲しよう！」という意見。**同棲するかどうかがなかなか確定せず**、私はその状態に苛立っていました。

飲み会に行き酔っぱらった私は、夫に連絡し「すぐ行動しないなら今までの話全部ナシ！」と宣告。すると顔色を真っ青にした夫が迎えに来て、「ちゃんと行動するから」と平謝り……。

結果、夫は務めていた職場を退職し、**給料3倍の職場に転職**。余裕を持って引っ越しをすることができました。

結果オーライですけど、今思えばひどいわがままです。

同棲してみると、夫と過ごす毎日はあまりにも居心地が良い。

というのも、**夫は私に何も強制しない**のです。たとえば「疲れた。ご飯つくりたくない」と言えば「寝てていいよ」と言ってくれるし、部屋を散らかしても「片付けて」と言わない。

同棲するかどうかがなかなか確定せず

日本は部屋が狭いのが普通なので、私は一人暮らししていた家に夫を呼んで暮らしても良いと思っていました。でもメキシコは部屋が広いのが普通で、狭いことを嫌がる人が多いです。夫も私の家で同棲はちょっと……という感じだったので、「じゃあ あなたがどうにかして！」となりました。

同棲していてもマイペースに過ごせるのが心地よくて、私はすぐに結婚を意識するようになりました。とはいえ、付き合い始めたばかりだし「実際に結婚するなら2年後くらいかな……」と考えていました。

実際に結婚を決めたのは、完全にノリ。

夫を連れて日本に行きたいと思ったのですが、当時はコロナ禍の規制があり、外国人の入国ができませんでした。例外は、配偶者か婚約者であること。

そこで「じゃあ婚約者ってことにしちゃう？」という話になり、すると、自然と結婚への具体的なイメージができあがります。そして、「じゃあ本当に結婚するか」という流れです。

また、国際結婚の場合、ちゃんと籍を入れたほうがメリットがあります。

コロナ禍のようなイレギュラーが起きても、配偶者であれば一緒にいることができます。

そして、私たちは結婚し家族になりました。

✿ 給料3倍の職場に転職

夫は自分の仕事に満足していたのですが、同棲や結婚を考えると当時の職場では心もとない。

✿ 夫は私に何も強制しない

私は夫が寝すぎていたら「ちょっと寝すぎじゃない!?」と言いたくなる。でも夫は一切私に何も言ってきません。それは、自分の問題・相手の問題の境界線がしっかりしているから。

「大切な人だから何でも知りたい」。父を感激させた夫の言葉

結婚しようと決めた直後、✿**二人で日本に**行きました。

私が家族に「婚約者を連れて行く」と言ったのは、日本に行く約2週間前。電話で、メキシコ人と同棲してること・結婚すること・再来週日本に連れて行くことを一気に報告しました。

親は、もちろん驚いていました。でも、いきなりメキシコ移住をするような私の衝動性には慣れているようで、すぐ受け入れてくれました。

婚約者はもちろん、**両親にとって「家に外国人がやってくる」のも初めての体験。**それ

✿ **二人で日本に**

日本に行く数日前、外国人入国の規制が解除されました。そのため、用意していた書類はすべて必要ではなくなりました。

もあって、いろんなおもてなしを準備してくれていました。

両親は夫のことをすごく気に入ってくれているのですが、それには一つきっかけがあります。

実家に行った翌日、私は買い物に出かけることにしました。

夫は買い物をする私にずっと付き添ってくれたのですが、その様子を見て父が、「女の子の買い物に付き合うのって退屈じゃない？」と夫に尋ねたのです。実際、母が買い物をするとき父は付いて行かず、車で本を読んで待っていたりします。

すると、夫は**「買い物についていくのは凄く楽しい。ルスちゃんは私の大切な人だから何でも知りたい」**と返答。ドラマでしか聞いたことのないようなキザなセリフを聞いて、「ちゃんと大事にしてくれるんだ」と父は感動。

今では、夫のことをかなり信頼してくれています。

また、夫の家族に結婚を報告したときは、泣いて喜んでくれました。すごく驚いていたけど、お義母さんもお義父さんも、弟二人も、みんな泣いていました。

夫は彼女がしばらくいなかったので、おそらく「この子は結婚できるんだろうか」とすごく心配していたのだと思います。また、「好きな子がいる」と私のことを相談していたようで、それが実ったことにも喜んでくれました。

両親は、「息子が外国人を連れて来た！」というより「この子は日本人と結婚すると思っていたのよ」という反応。

日本好きの息子が日本人と結婚したことを、心から祝福してくれました。

ちなみに、お互いの家族はまだ会ったことはありません。いつかどちらかの国に行く機会があれば紹介すれば良いね、という感じです。

両親はむしろ、家同士の付き合いがないので「気が楽だ」と言っていました。

国が変われば、結婚に対する価値観も変わるものです。

結婚に関連して、結婚式の小話も。

メキシコの結婚式は、日本でいう「ご祝儀」がありません。
その代わり、ものをプレゼントします。

自分が贈りたいものを贈ることもありますが、最近は新郎新婦が招待状にAmazonのほしいものリストを同封して送る文化があります。
ほしいものリストには1000円くらいから数万円のものまであり、金額は様々。贈る側は自分の経済状況に合わせてプレゼントを選ぶことができます。

ちなみに、私は✿**結婚式をしなくても良い**かなと思っています。

✿ **結婚式をしなくても良い**
夫は家族や友人をすごく大切にしているので、「みんなにお披露目したい」と結婚式をしたいようです。

トラブルやハプニングは、人生のターニングポイント。振り返ったとき、後悔しない選択をする

同棲のタイミングで、夫は給料3倍の職場に転職しました。

が、実は最近、夫がその職場をクビになりました。

夫が務めていたのは、アメリカ系のＩＴ企業。

お国柄、そして業種的に、クビになるのはよくあることらしいです。クビになった理由は、会社の方針が変わりＡＩに力を入れることになったから。

夫がやっていたプロジェクトが会社にとって必要ではなくなるため、クビを宣告されてしまったのです。

夫がクビになる。
……絶望しそうなものですが、実はちょっとワクワクしています。

結婚して落ち着いたこともあり、最近人生にちょっとマンネリを感じていました。クビになったこと自体は大変ですが、このハプニング自体がちょっと楽しい。これまでいろんなことを乗り越えてきたんだし、「たぶん何とかなる」という自信があります。

そして、ワクワクできるのは夫のことを信じているからだと思います。

夫は、お金のためではなく自分が「楽しい」と思えることを仕事にした人。「好きこそものの上手なれ」というように、いつも向上心を持って仕事に取り組んでいます。そんな姿を日々見ているので、失敗する姿が想像できないのです。

ちょっと不謹慎ですが、夫と一緒に「首を探す動画を撮ろうか」なんて話もしています。

私は、今までの人生ひとつも後悔していません。

今は人生の転換点にいますが、不安はありません。これからどんな選択をしたとしても「この道を選んで良かった」と思えると確信しています。

そして、そう思える未来に自分で寄せていく。これをいつも自分に言い聞かせています。

どうなるかわからない未来のことは、あんまり考えません。だから、心配ごともありません。

夫がクビになったことも、後々「あれがきっかけでこうなれたね」と振り返ることができると思います。

実際、夫は「もう自分で会社を作っちゃおうかな」と言っています。もともと「いつか起業したい」と言っていたし、もしかしたらいつか「あのときクビになって良かったね」と言っているかもしれません。

数年後に今を振り返ったとき、きっと「あれが良いターニングポイントだったね」と言うことができるはず。

実際、私は幼稚園をクビになったことで「雇われるのに向いてない」と気付くことができました。渦中にいるときはわからないけど、振り返れば、あれは私のターニングポイント。

ハプニングは、人生のターニングポイントかもしれない。いつか今を振り返ったとき、「この選択をして良かった」と思えるように行動していく。

今もこれからも、そういう思考で生きていきます。

人生のターニングポイントを満喫中

初公開！ 夫婦ツーショット

第7章

メキシコ自己責任ツアー

自己責任ツアーに出るための私服コーディネート

特別企画「メキシコ自己責任ツアー」を紹介します。

魅力的だけど、もし何かあっても「自己責任」でお願いしたいメキシコの場所を巡ります。私は一切責任を負いません、というツアーなので、オススメとは言いません。

まず、自己責任ツアーにいく場合の私服コーディネートからいきましょう。

なんで紹介したいかっていうと、服装が重要だからです。顔が外国人なのは変えられないので、服で「ローカル感」を出して、浮かないように、お金持っている風に見られないように意識したいところ。コーディネートのテーマは「貧しさ」です。

- 上海で何年か前に購入して、もうプリントが剥げているTシャツ。普段はパジャマとして使用しているんですけど私服に復活、と言う感じ。
- ボトムスは日本で２千円で買ったジーパンです。
- 靴は７年前に購入して使い古している地味なスニーカー。

Kiss
grey girl
I YOU
I Love you
WANTED
Love You
Whatever
WASSUP?
To you

危ないけど、お宝発見！「ラグニージャ」のドロボー市場

「ラグニージャ」という地域にやってきました。全然治安が良くない雰囲気が漂っています。

ここでは、毎週日曜日にドロボー市場が開催されます。ドロボー市場というのは、もともと泥棒してきたものを売っていたことに由来しています。でも今は違うと思います。所有しているものやちゃんと買い取ったものを販売しているはず。

トリップアドバイザーの口コミを読むと、「危険です」と書いてありますが、私はアンティークが好きなので個人的にこの市場が大好きなんですよね。

でも、確かにうちの夫も全然行きたがらないというか、「うーん」みたいな感じです。

ほかのメキシコ人の友だちも「あそこはあまり……」と、遠ざけるような感じでした。

市場内の道はかなり狭くて、人口密度が高いです。

商品を飾っている台など家具も売っていて、センスが良い家具を使っているお店にはつい立ち止まってしまいます。

探してみると、状態が良い掘り出し物もあります。メキシコがスペインの植民地時代だった頃の地図など、アンティークの品物がところ狭しと販売されています。

サングラスは一つ200ぺ

ソ（約1500円）で売られていました。

この日は、自分用に100ペソ（約750円）の黒いバッグを購入しました。

基本的にどこも現金払いなので、カード払いを希望すると、お店の人たちがざわつきだします。

私もカード払いを希望したところ、「カードを読み込む機械の充電がないから」ということで、30分くらい機械を充電するのを待ってから、ようやく買うことができました。

メキシコ名物トウモロコシを売っている人とか、飲み物、食べ物のゾーンもあります。

メキシコでは路上飲酒が違法（販売も禁止）ですが、この市場ではお酒を売っている人、飲んでいる人をよく見かけます。

お酒なのか、完全に目がラリっている人もいて、カオスな雰囲気が漂っています。

あとは、泥棒がいっぱいいると言われているゾーンもあります。

掘り出し物を漁って、宝探しみたいに楽しめますが、スリも多いのでくれぐれも手荷物には気を付けてください。

ここから先は泥棒いっぱいゾーン

危ないけど、めちゃ美味しい北部のメキシコ料理店

今度は、Uberで北部までやってきました。

「Barbacheria《バルバッチェリア》 Alingo《アリンゴ》 Lingo《リンゴ》」という、ゲレロ州の料理店です。

店内のインテリアも素敵で、特に「ポソレベルデ」という料理がとても美味しくて、お気に入りのレストランです。

「ポソレベルデ」というのはゲレロ州の郷土料理のこと。

ゲレロ州はメキシコシティの近くの州ですが、外務省の危険レベル３（渡航中止勧告）の場所です。ゲレロ州のなかにあるタスコという地域は比較的安全な観光地で、お店はそのあたりにあります。

まだ結婚前に夫と二人でタスコのAirbnbに泊まったときに、このお店を見つけました。思い出のあるお店です。

この日は夫の予定が合わず、一人で来ましたが、久しぶりに食べた「ポソレベルデ」は、ほっぺたが落ちるほど、めちゃ美味しかったです。

危ないけど、ローカル民の生活を一望できるケーブルカー

　前ページで紹介した北部のレストラン「Barbacheria Alingo Lingo」の最寄駅「インディオスベルデス駅」は、泥棒・強盗多発でめちゃくちゃ危ないと言われている駅です。駅前は様子のおかしな人や、防犯でリュックを前に抱える人が多く、注意が必要です。

「インディオスベルデス駅」は地下鉄・バス・路面電車・ケーブルカーなど、いろんな路線が交わる交通の要所で、そこからはケーブルカーに乗ることができます。

　ケーブルカーといっても、観光用ではなくて、現地に住む人の公共交通機関です。

　メキシコは車社会なので渋滞がエグくて、渋滞から逃れる手段として現地の人が日常的にケーブルカーをよく使います。

　ケーブルカーのせいもあるのか、メキシコでは複雑に絡み合った電線をよく見かけます。

　乗車してしばらくすると、隣にカラフルな建物が多いスラム街が見えてきます。

　メキシコでは、カラフルで密集している町ほど危ないといわれています。ガイドブックに載っていて、外国人観光客が行くような場所にいる人はメキシコのな

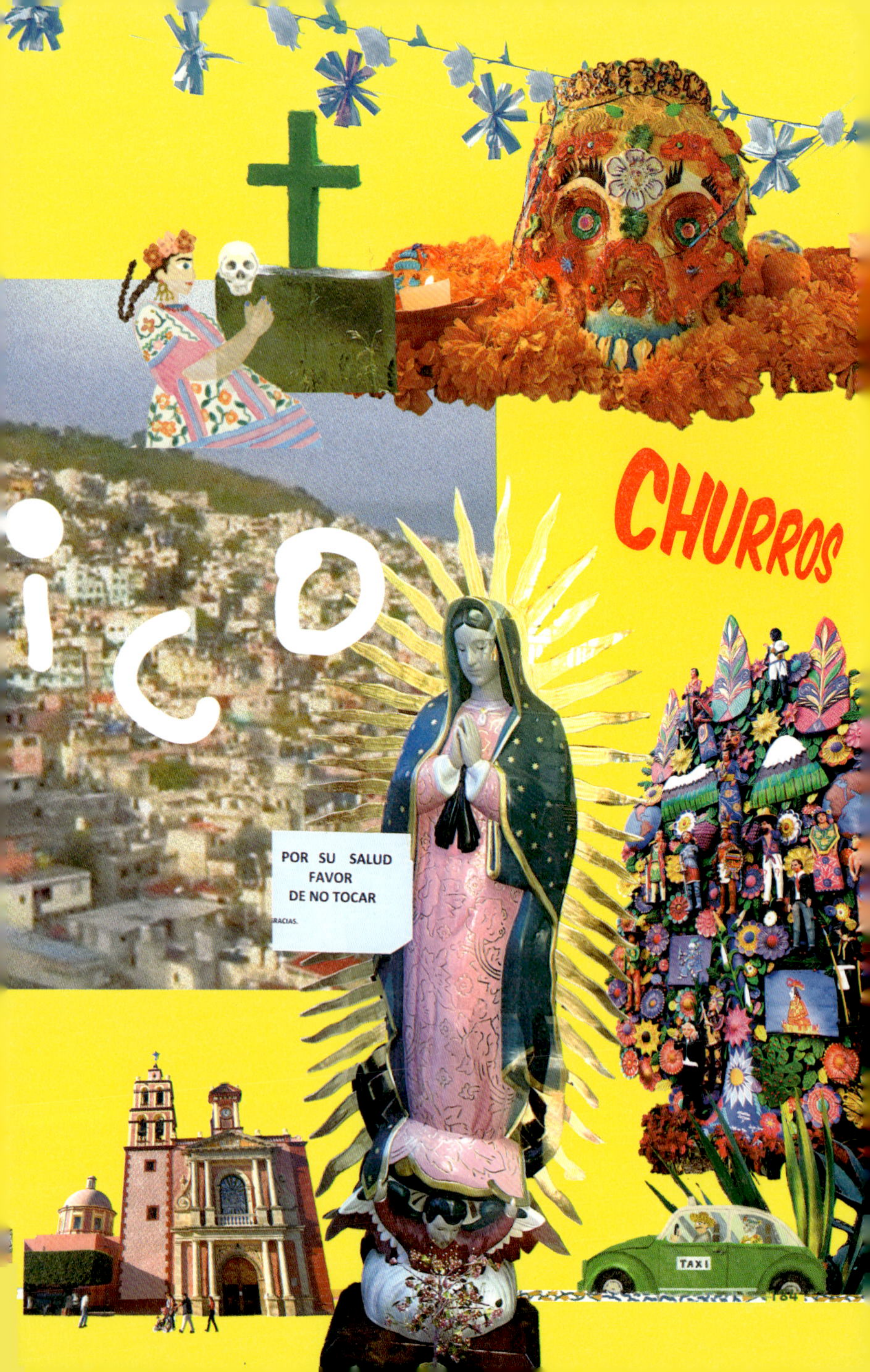
CHURROS
POR SU SALUD
FAVOR
DE NO TOCAR
TAXI

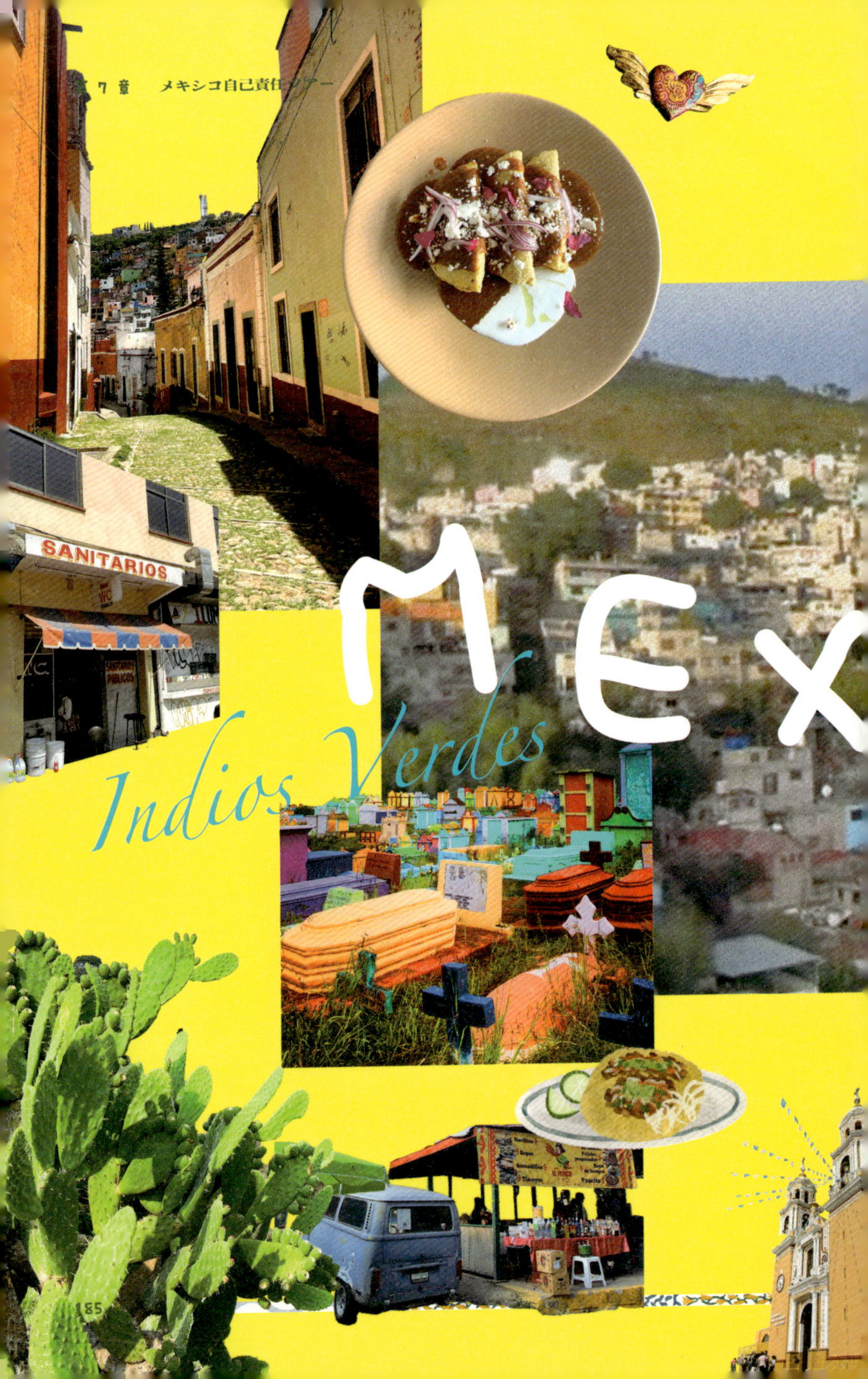
MEX
Indios Verdes
SANITARIOS
WC

かでも富裕層が多いと言われています。

もちろん、富裕層ではない人のほうが大多数。スラム街を探検するのは危険ですが、間近で現地の人の生活を見ることはなかなかできないので、普通のメキシコ人の生活を、探検せずとも安全地帯から見ることができるのは貴重な体験です。

しかも、ケーブルカーだとけっこう高い場所から見ることができるため、よく見ると「えっ！　何あれ！」と思うようなモノが落ちていたり、綺麗なウォールアートがあったり、発見がいっぱいあります。

メキシコシティの中心街にあるビル群も見渡せます。

メキシコシティから北に行けば行くほど治安が悪くなります。

山の斜面に沿って建物がつくられていて、上の方はかなり急な坂道になっています。

乗り方の注意点としては、最初にすごいスピードがでるので揺れます。駅に着いたら自動でドアが開きます。人が少ないエリアは駅員さんがいない無人駅です。

ケーブルカーは、生活にかかせない公共交通機関として機能しているので、時間帯やエリアによっては利用者が多いですが、車内は10人乗りで、絶対座ることができるようになっています。

満席のときもあれば、一人で乗れるこ

ともあります。

カラフルなスラム街、メキシコシティのビル群、メキシコの旗が掲げられている施設やいろいろな風景が一望できます。

インディオスベルデス駅やケーブルカーでは、日本人や観光客を見たことがありません。一人で動画を撮っているとすごく目立って、ジロジロ見られることもあります。

現地の人の暮らしを見たい人は楽しめると思います。

密集している地域の駅で降車もできますが、ローカルすぎる場所はなるべく避けた方がいいので、オススメしません。

結婚前に一度、夫とインディオスベルデス駅に訪れたときに、私が「ケーブルカーに乗りたい」と言って、乗ったことがあります。時間が深夜だったのもあって、夫は「わかったけど、必要最低限のものだけ持って乗ろう」と少しビビっている様子でした。

ケーブルカーの上から、ローカルなエリアでお祭りをしているのを見つけて、「行ってみよう！」となって、途中下車しました。

お祭りを見に行ったら、めちゃくちゃ怖かったです。「ここは歩いちゃダメな場所じゃん」ってなって。深夜のローカルなお祭りは、5年間のメキシコ生活のなかでも上位に入るくらい、緊張感のある場面でしたね。

危ないし、ぼったくりバーが多すぎるけど楽しい広場

最後に紹介する場所は、ガリバルディ広場です。

周辺の路上も危ないので、広場の目の前までタクシーで来ることをオススメします。

まわりはぼったくりバーも多いので、口コミを読んでからお店を選ぶのがベターです。

写真を撮れるスポットがたくさんあったり、演奏やパフォーマンスする人は派手な衣装を着用していて、にぎやかな場所です。

私は一番人気のレストランに入りました。テラス席があって、広場を眺めながら食事ができます。

席について店員さんにお願いしたら注文できるスタイルです。


マリアッチといって、ギターを持っている人にお願いすると生演奏してもらえます。演奏は、一曲150ペソ（約1125円）で、代金はカード払いもOKです。

私は「プルケ」というメキシコの伝統的なお酒を楽しみました。美味しい料理とお酒、とても感動的な演奏をお得に楽しむことができました。


ちなみに、お店に入る前に、客引きに声をかけられました。

無料でマリアッチの演奏を楽しめる別店舗が反対側にあるよと、違うお店に誘導されそうになりました。

お店の人に聞くと、その客引きはお店と関係ない人で、たぶんついていく

と法外な値段を請求されるぼったくりバーだと思います。こういうこともあるので、客引きには気を付けてください。

自己責任ツアーいかがでしたか？
ガイドブックに載っている場所と違って、ディープなメキシコを楽しめると思います。

何度も言いますが、自己責任でお願いします。何かあっても私を責めないでくださいね〜。

LUZ GUADALUPE

おわりに

24歳の頃、「海外に住みたい」と思って衝動的にメキシコへ移住。それがこうやって本を書かせていただけることになるとは、人生何があるかわかりませんね。仕事をクビになって絶望していたあの日の自分に教えてあげたいです。

本書にも書いた通り、メキシコに移住したときは、「旅行したい」「海外に住みたい」と、その瞬間の欲望だけが原動力で、長期的な目標なんてありませんでした。でも、30歳を目前にした今、やっとその先が少しずつ見えてきたというか……。〝理想の生き方〟や〝人生で叶えたい目標〟について考えるようになりました。

たぶん、この30年間ずっと**〝自分探しの旅〟**をしていたんだと思います。

10代20代の頃は、スポンジのように何でも吸収していました。「お前は間違っている」と言われれば、「そうか、私は間違っているのか」と無条件で受け入れるほどに素直でした。でも、いろんな経験や出会いを重ねるうちに、大事にしたい価値観とそうでもない価値観を取捨選択するようになりました。そうやって「私」が形成されていったのだと思います。

欲望のままメキシコへ行きましたが、異文化の中で暮らすのは自分を見つめ直すのに最適だったようです。漠然とした「日本が合わない」ではなく、具体的に「何が」合わないのか、メキシコの文化と比較することで本質が見えてきました。そして、**完璧な国や社会なんて存在しない**と思い知ることにもなります。こうやって思う存分自分探しをできたおかげで、今は新しいステージに向かえています。

ということで、突然ですが私は日本へ引っ越します！

メキシコでの経験を生かして、日本でやりたいと思うことができたからです。まさかまた日本に戻るとは自分でもびっくりですが、**今は「目標を叶える」ことが最優先で「どこに住むか」は目標達成の手段に過ぎません**。〝海外に住む〟ことへのこだわりもなくなってきました。もちろん、メキシコが大好きな国ということに変わりはありませんが。

日本の「何が」合わないのか。これが明確になったおかげで、どうすれば快適に生きられるのか解決策も見えてきました。その一つが自分で仕事をすること。

以前に日本で暮らしていたときとはまた違った生活になりそうでワクワクしています。久しぶりの日本生活は私の目にどう映るのか。感じたことをありのまま、これからも皆さんにお伝えできたらなと思います。

最後までこの本を読んでいただき、本当にありがとうございました！

２０２４年10月吉日　ルス・グアダルーペ

ルス・グアダルーペ（LUZ GUADALUPE）

福岡県出身、メキシコ在住の29歳。保育士のキャリアを経て、日本の社会に適合できず24歳でメキシコへ移住。メキシコの日常を配信。

YouTube：@luzguadalupe
X：@luzguadalupeee
Instagram：@hikari__luz

ラテンのフィルターを通《とお》した世界《せかい》はいつでもポジティブ

社会《しゃかい》不《ふ》適合者《てきごうしゃ》の人生《じんせい》サバイブ術《じゅつ》

2024年11月20日　初版発行

著者／ルス・グアダルーペ

発行者／山下 直久

発行／株式会社KADOKAWA
〒102-8177　東京都千代田区富士見2-13-3
電話　0570-002-301（ナビダイヤル）

印刷所／TOPPANクロレ株式会社

製本所／TOPPANクロレ株式会社

●お問い合わせ
https://www.kadokawa.co.jp/（「お問い合わせ」へお進みください）
※内容によっては、お答えできない場合があります。
※サポートは日本国内のみとさせていただきます。
※Japanese text only
定価はカバーに表示してあります。

ISBN 978-4-04-607194-1　C0095

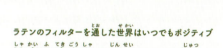